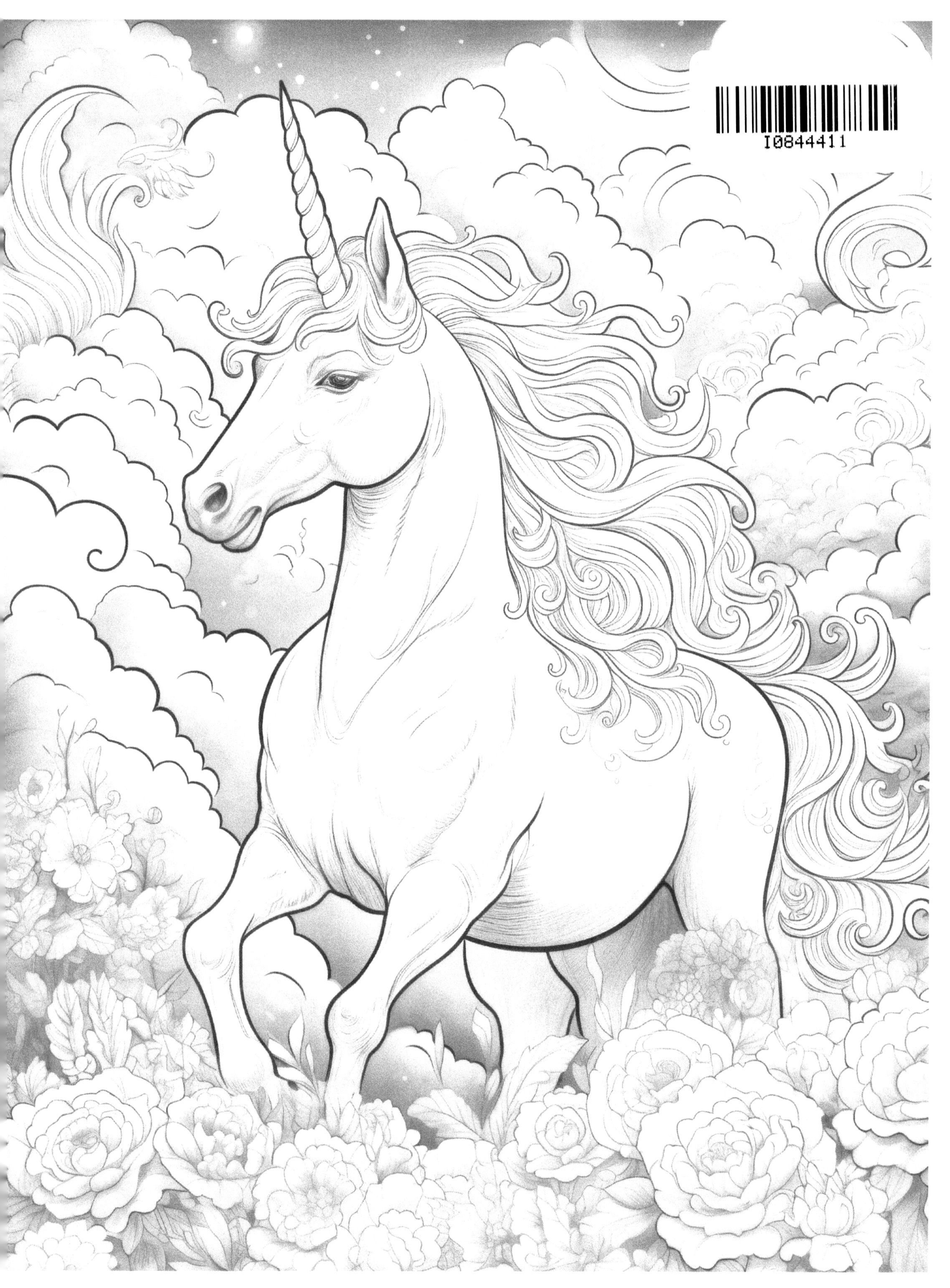
I0844411

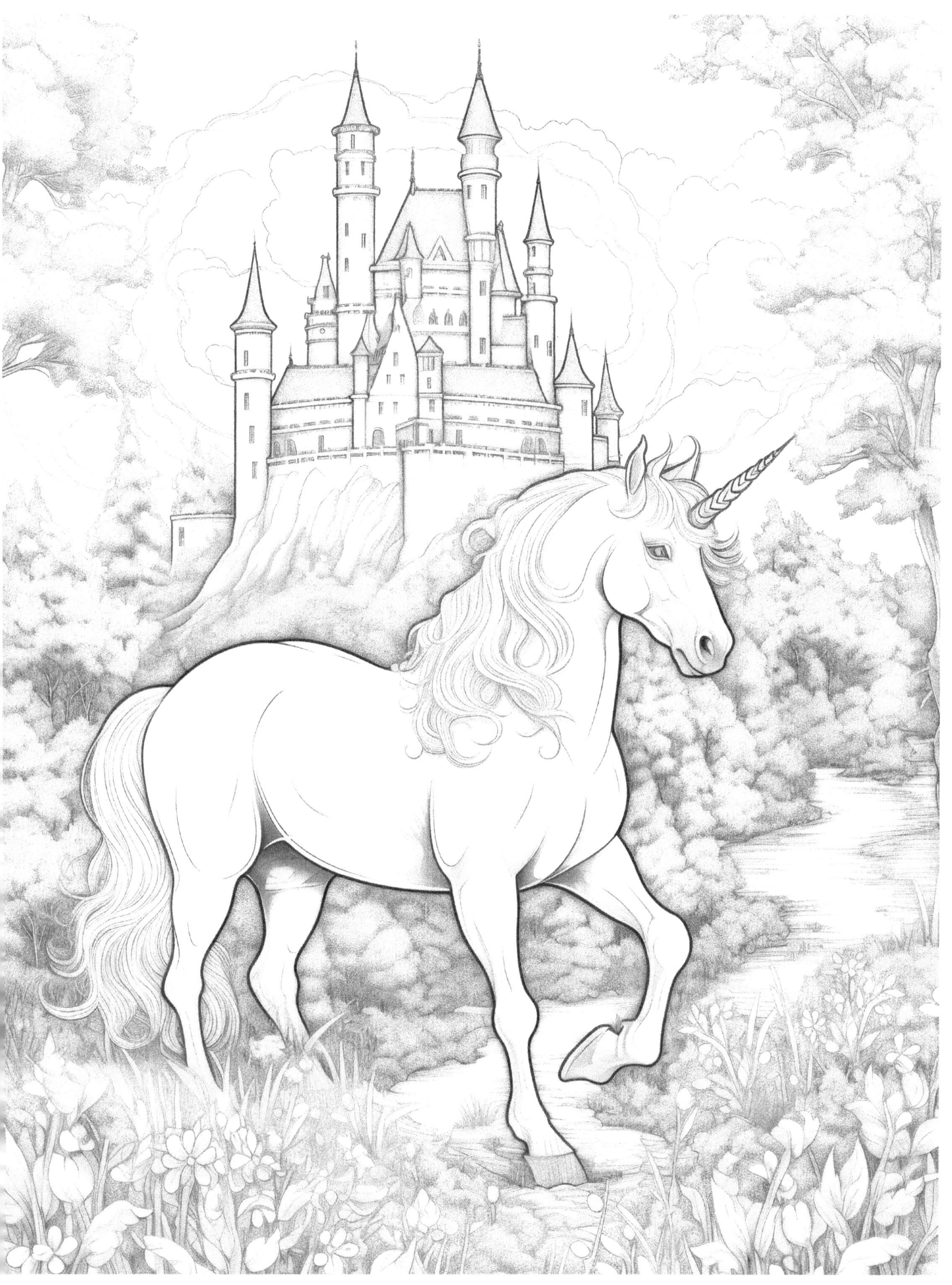

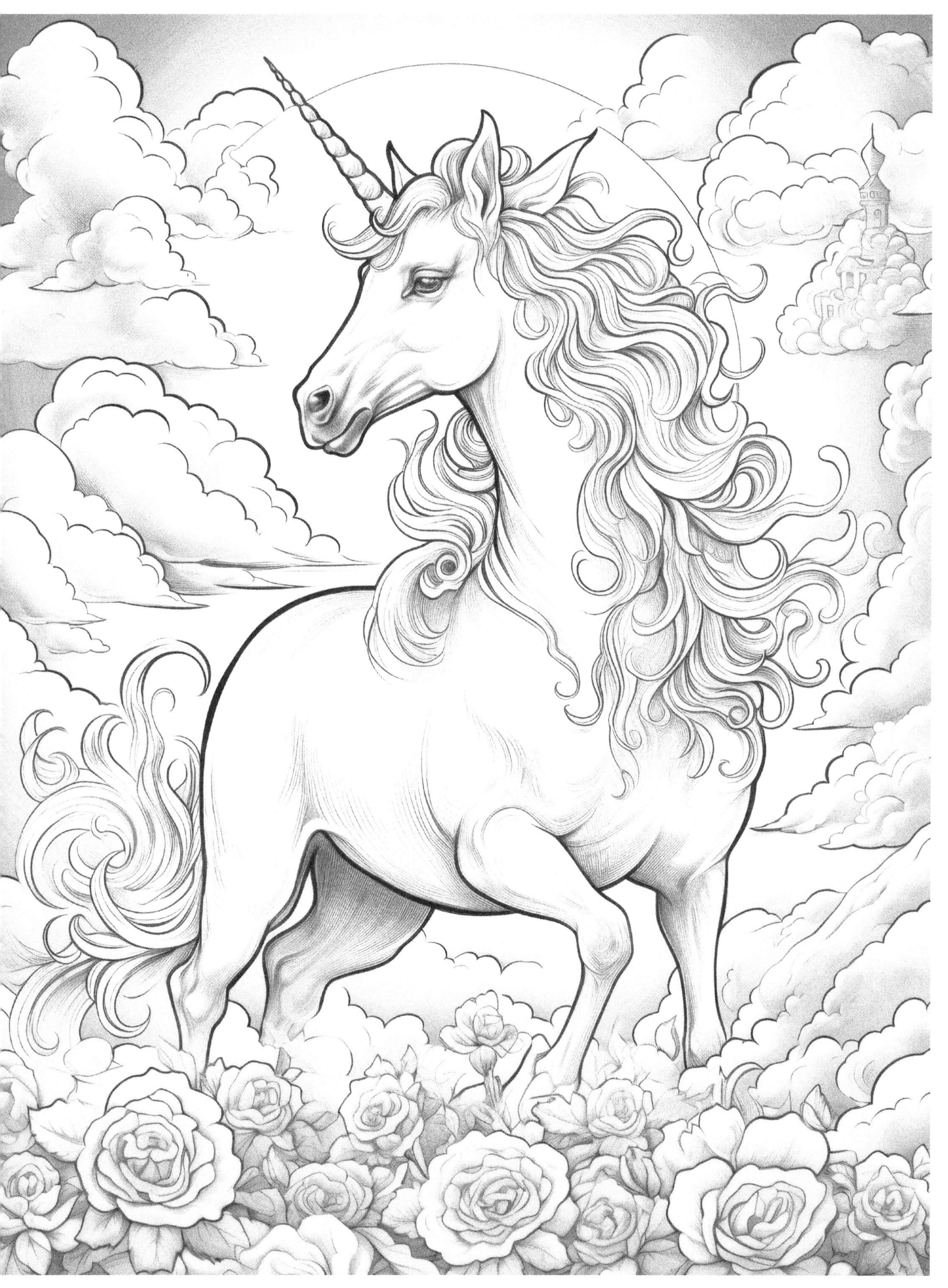

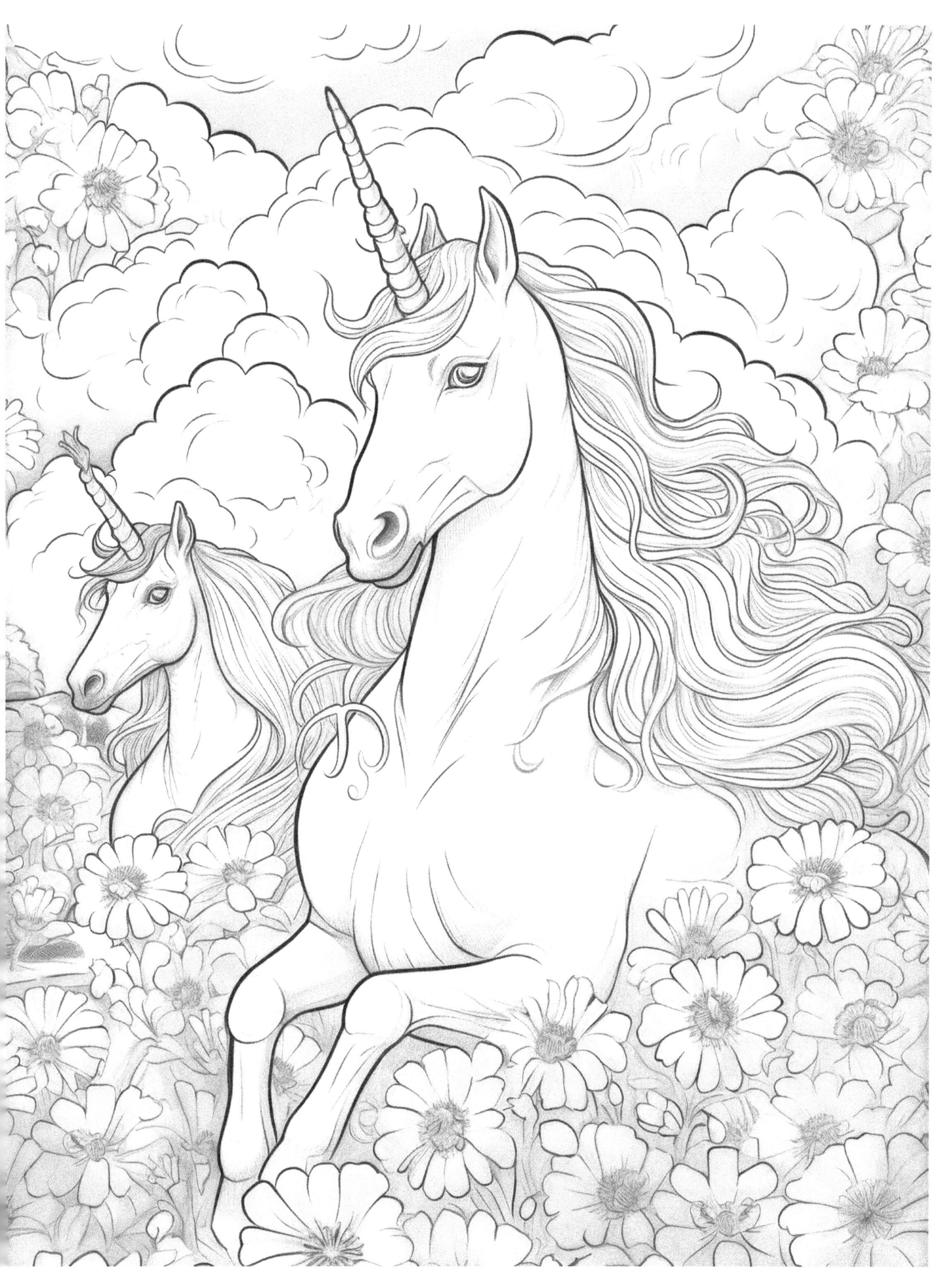

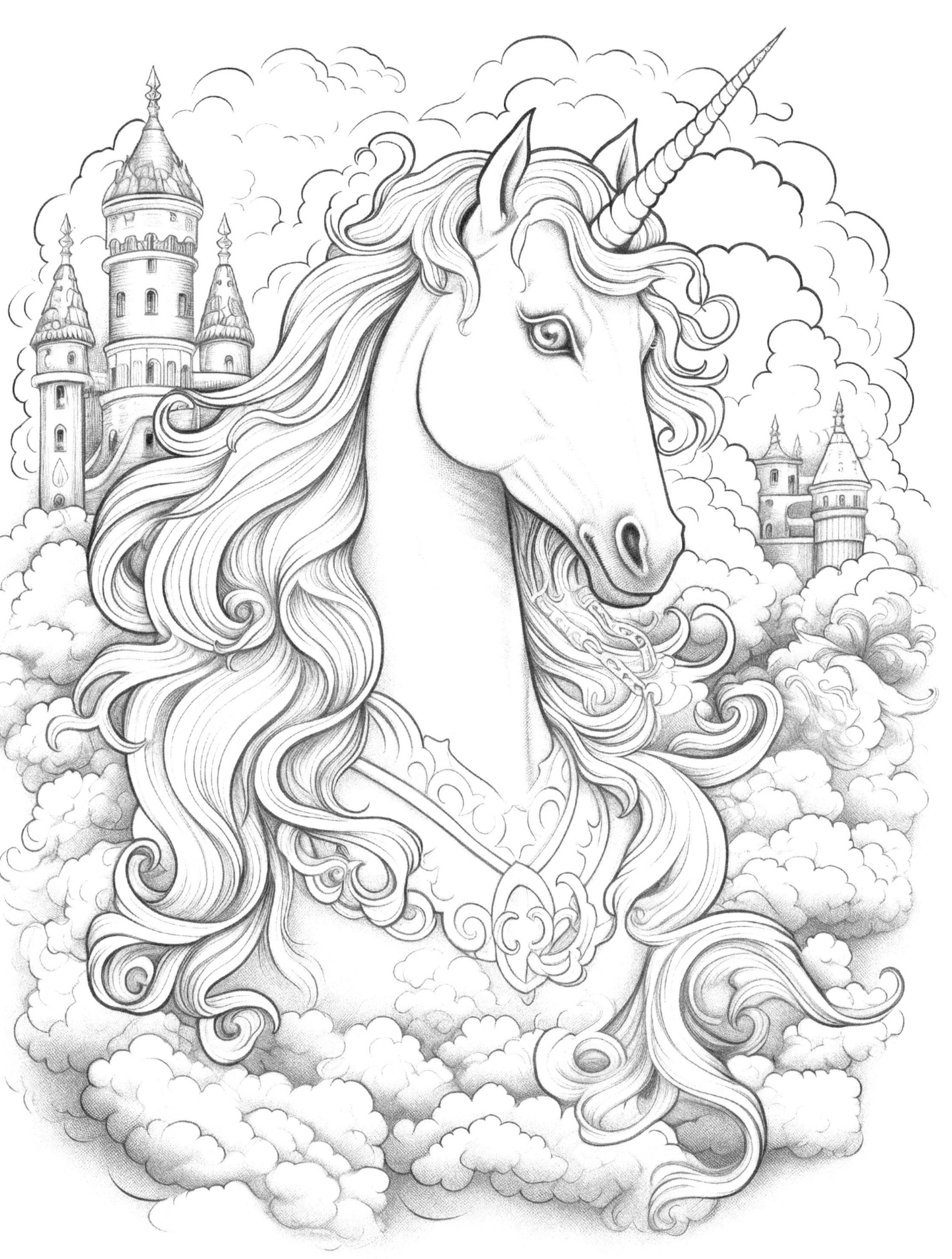

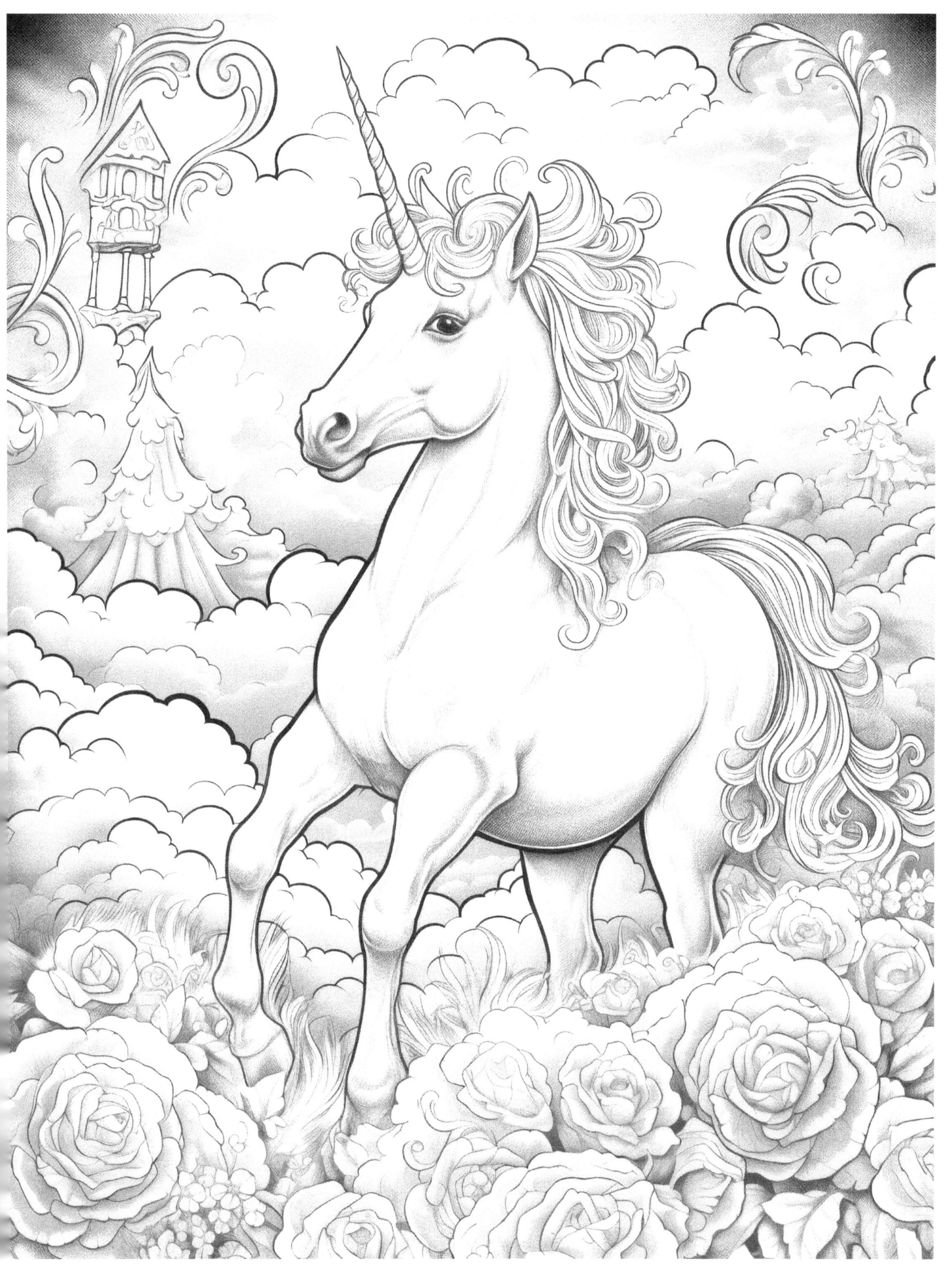

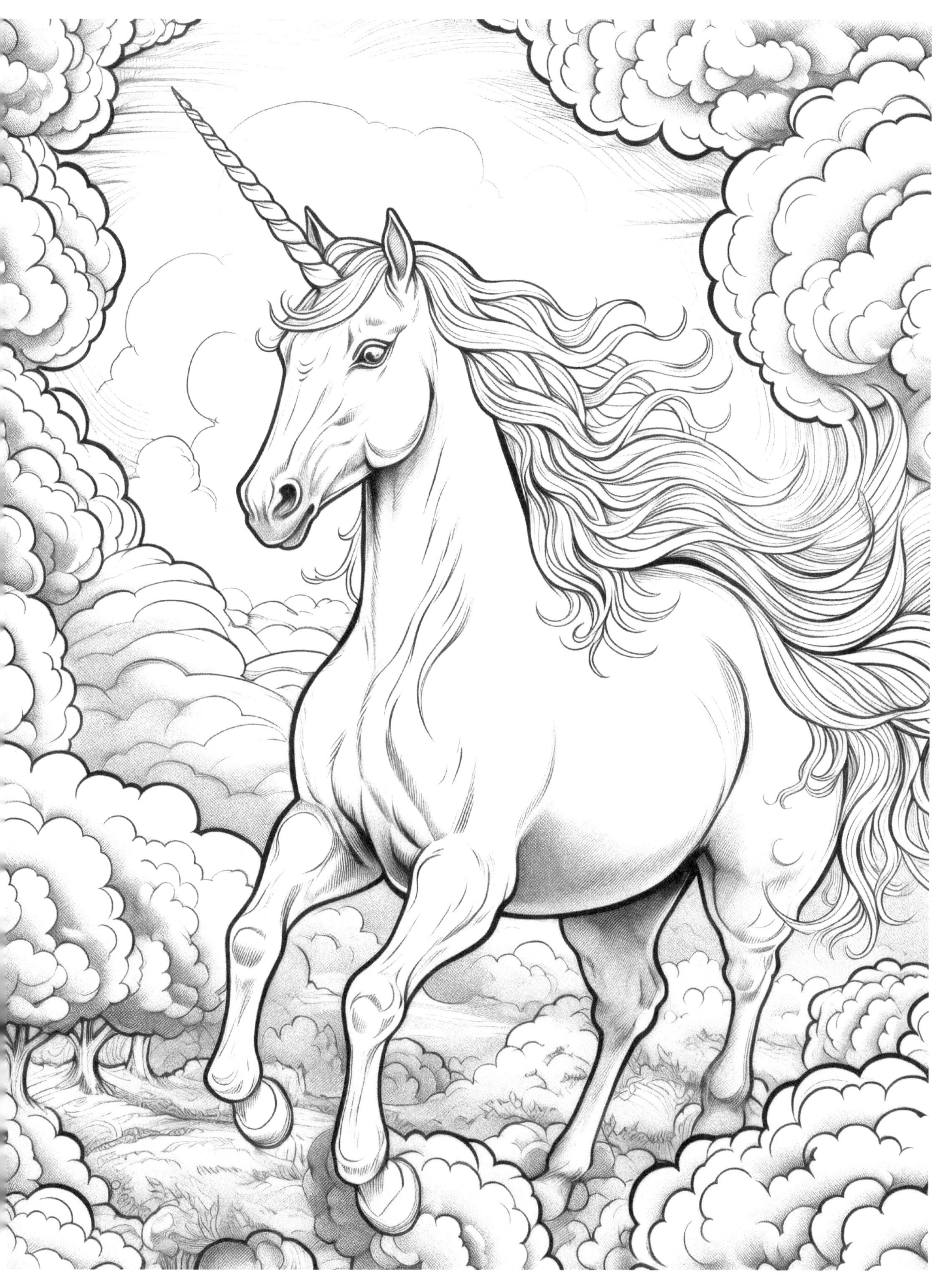

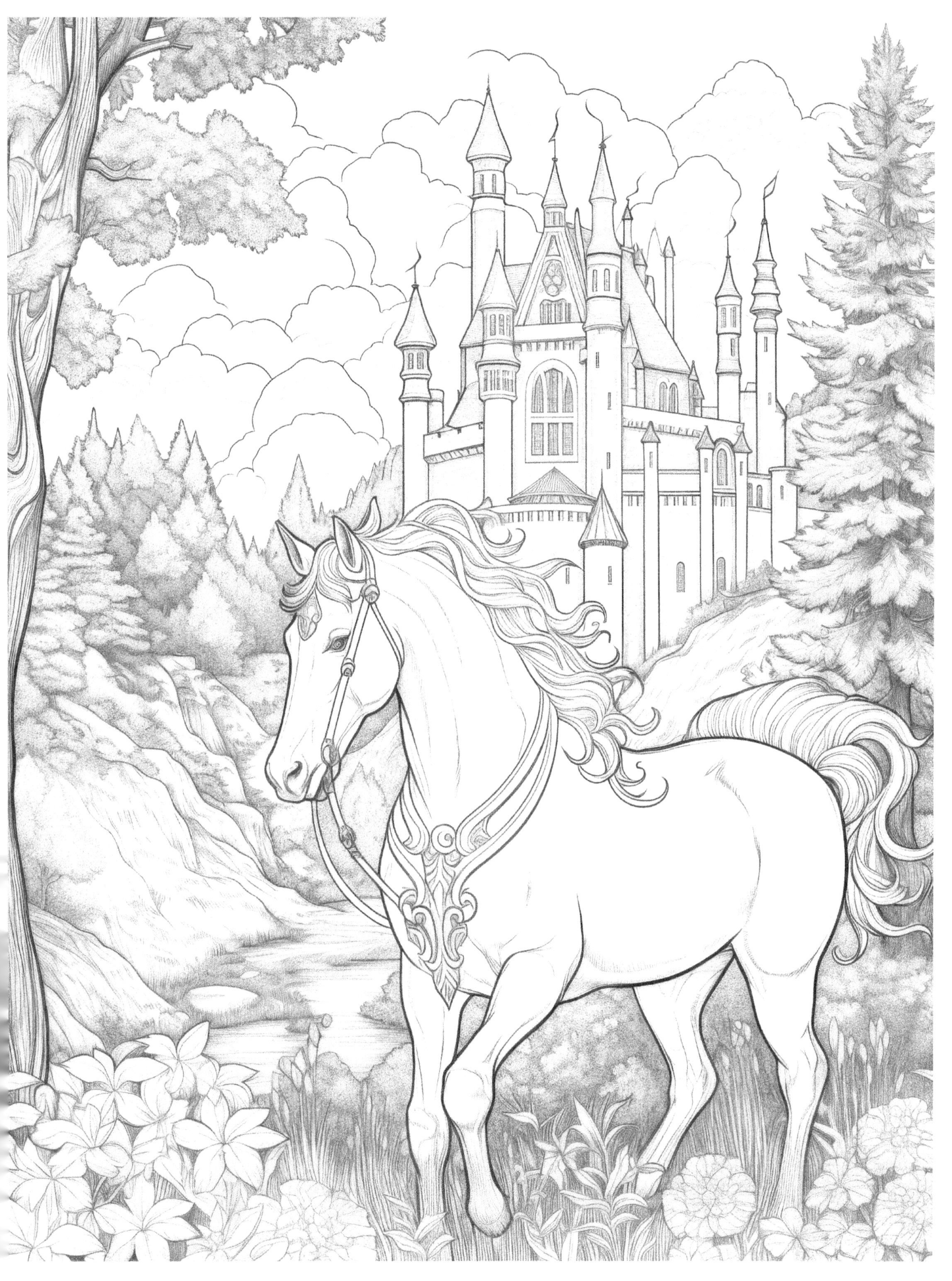

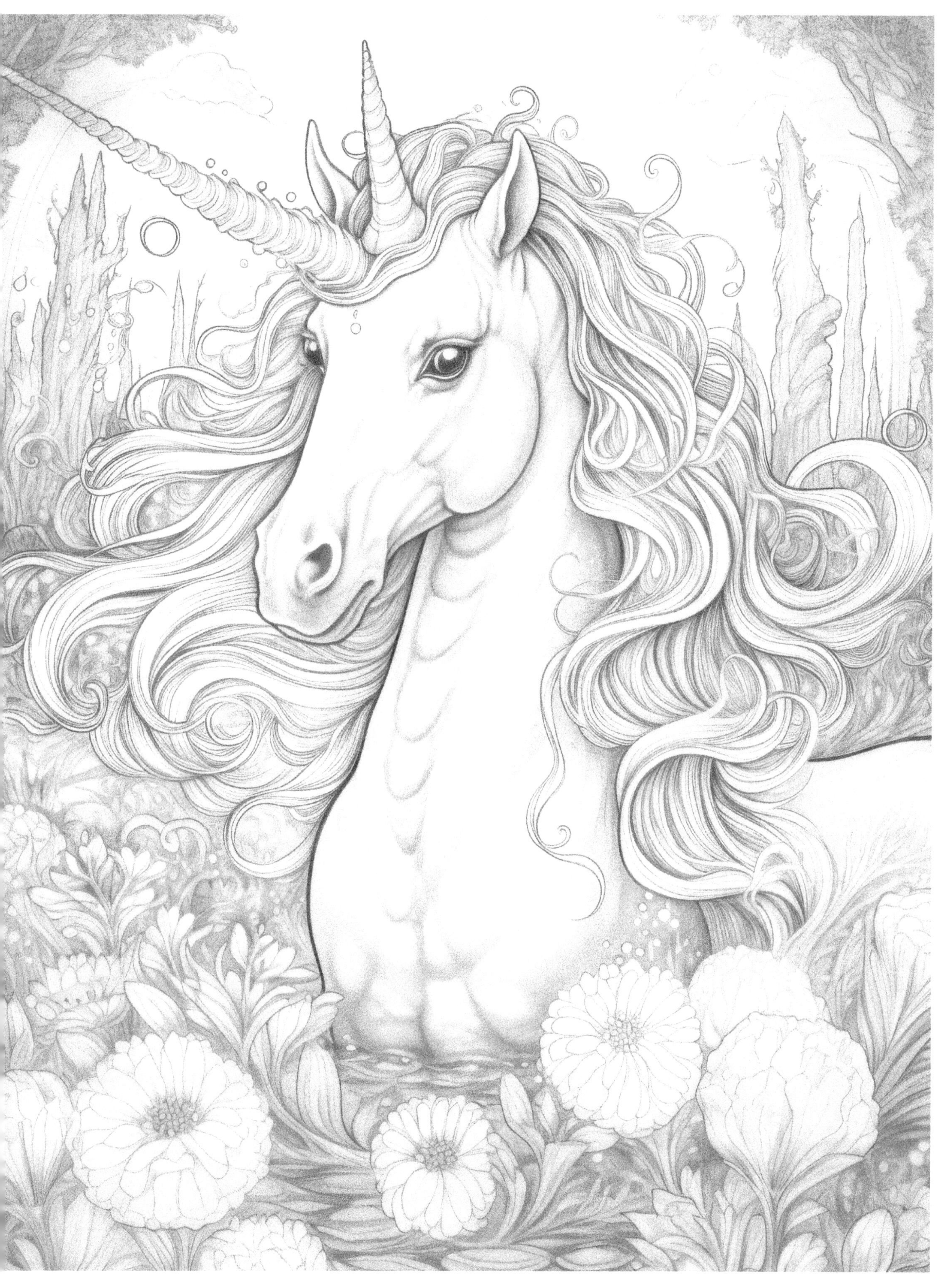

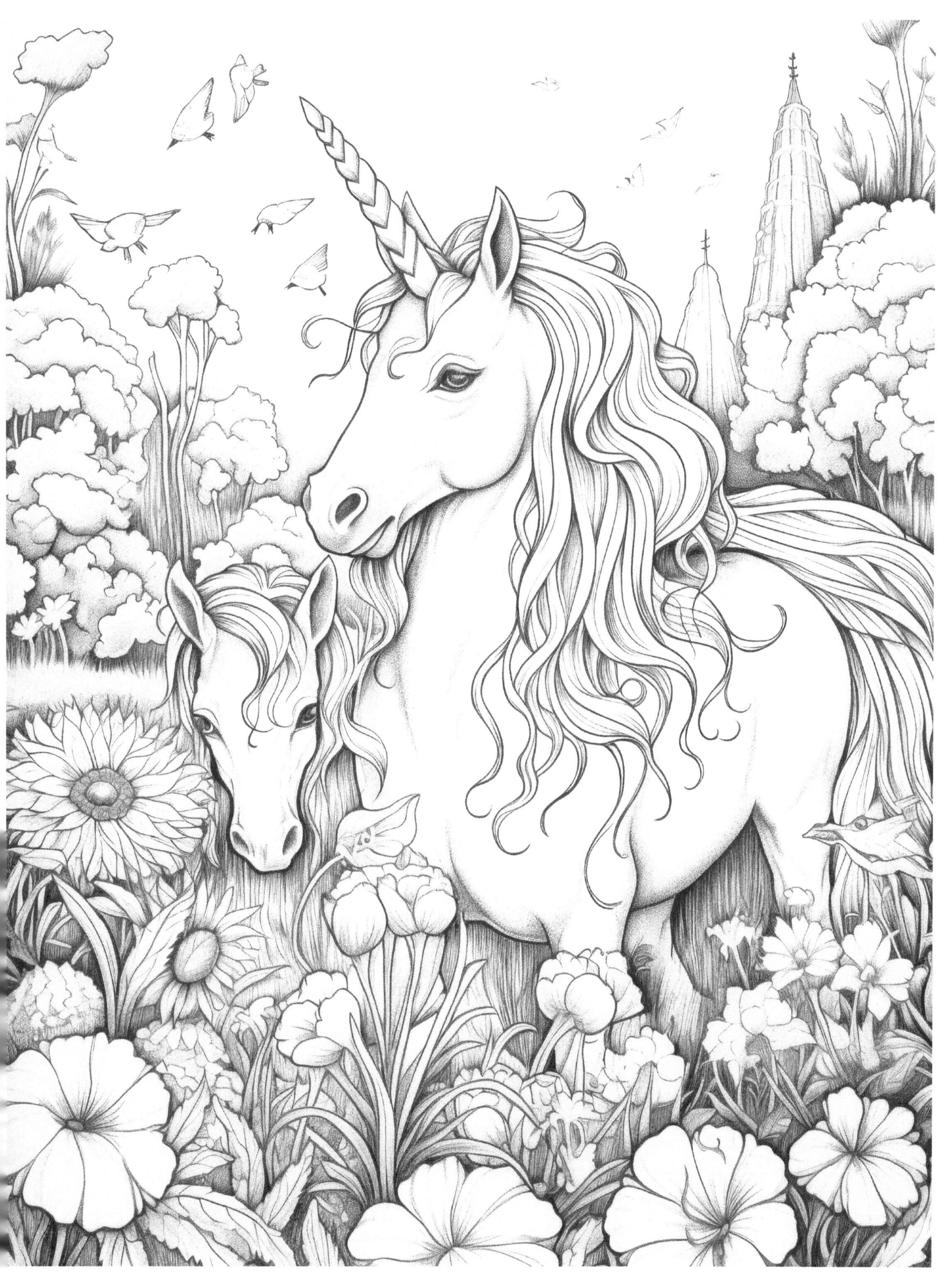

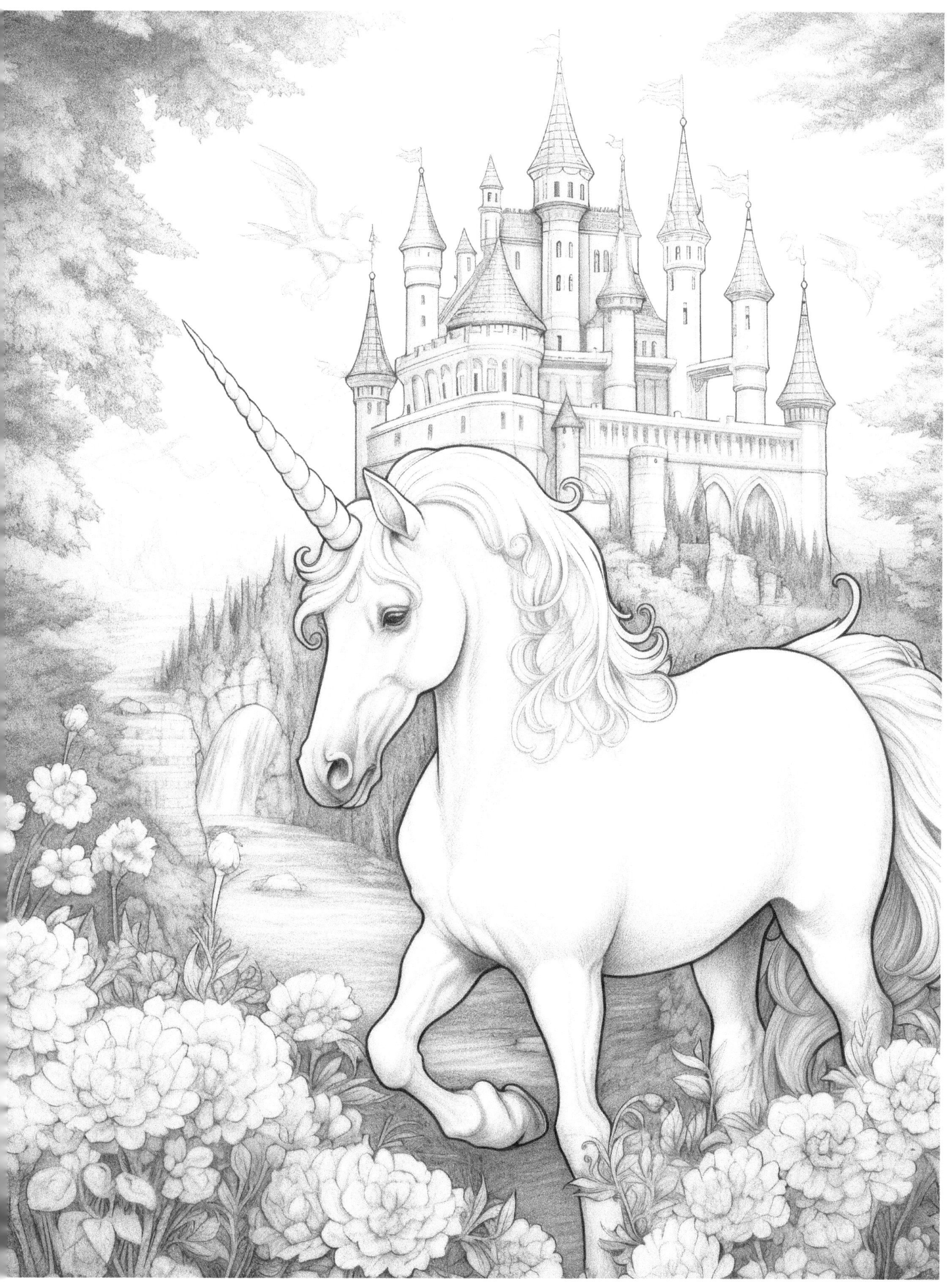

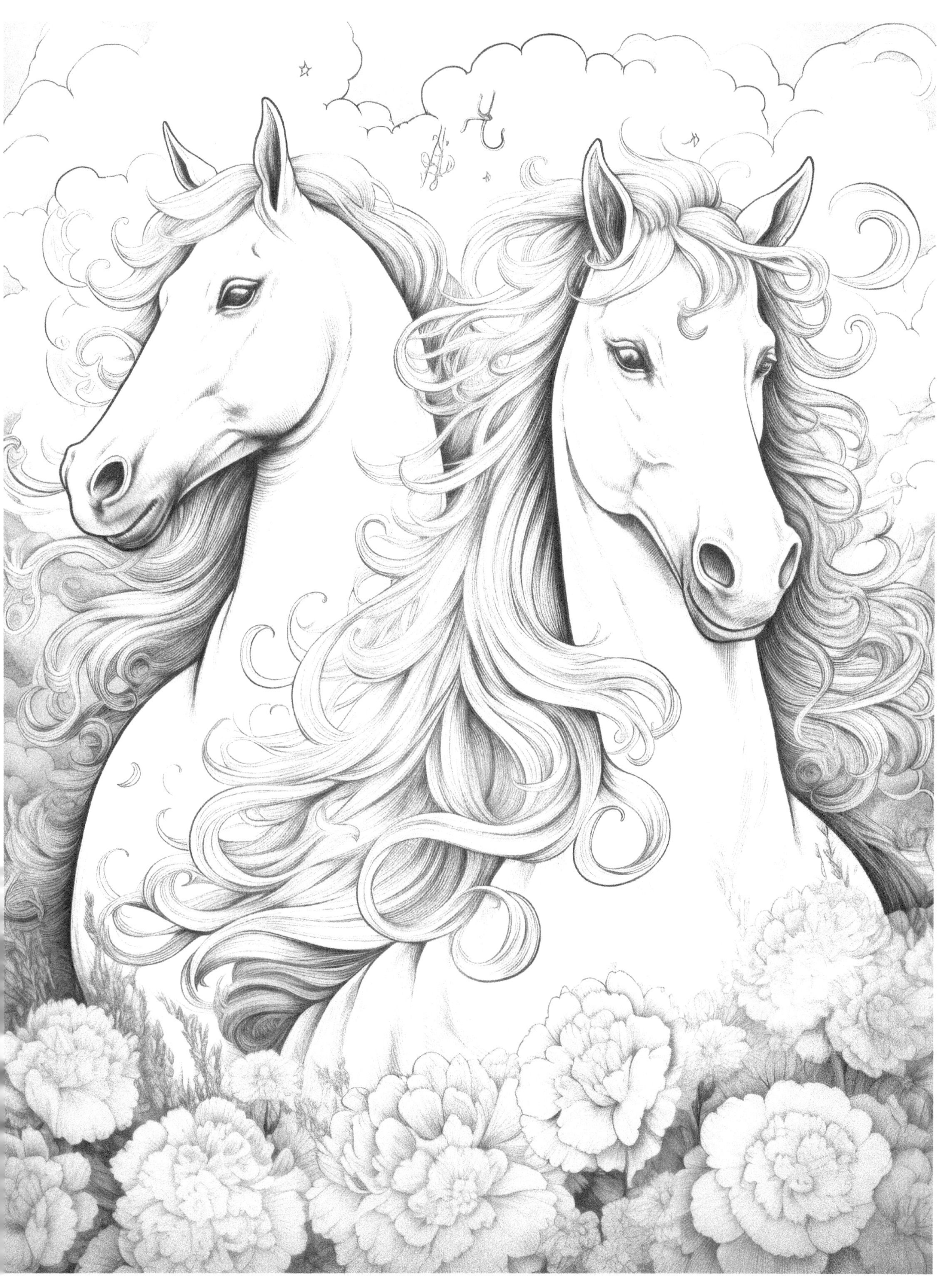

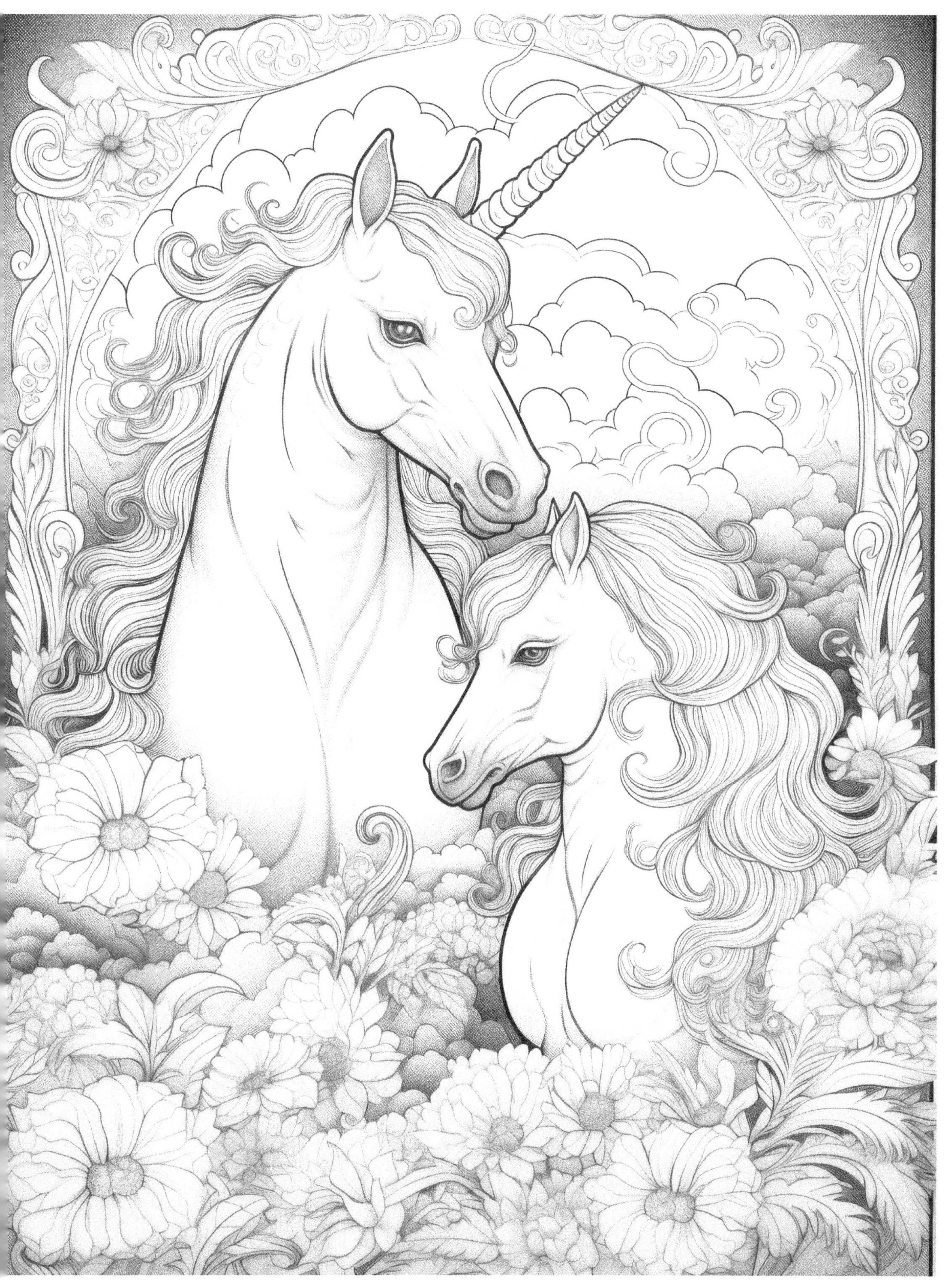

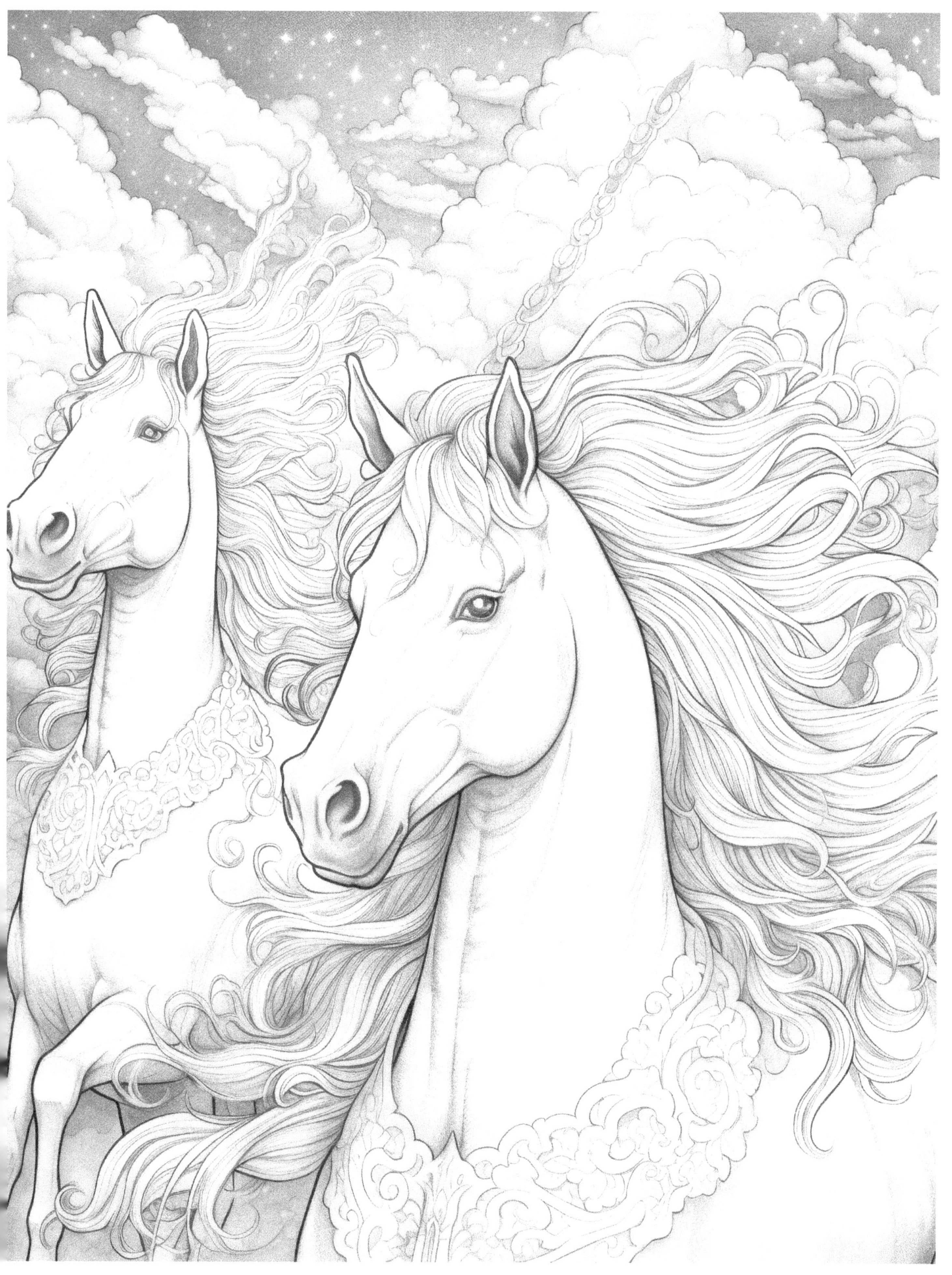

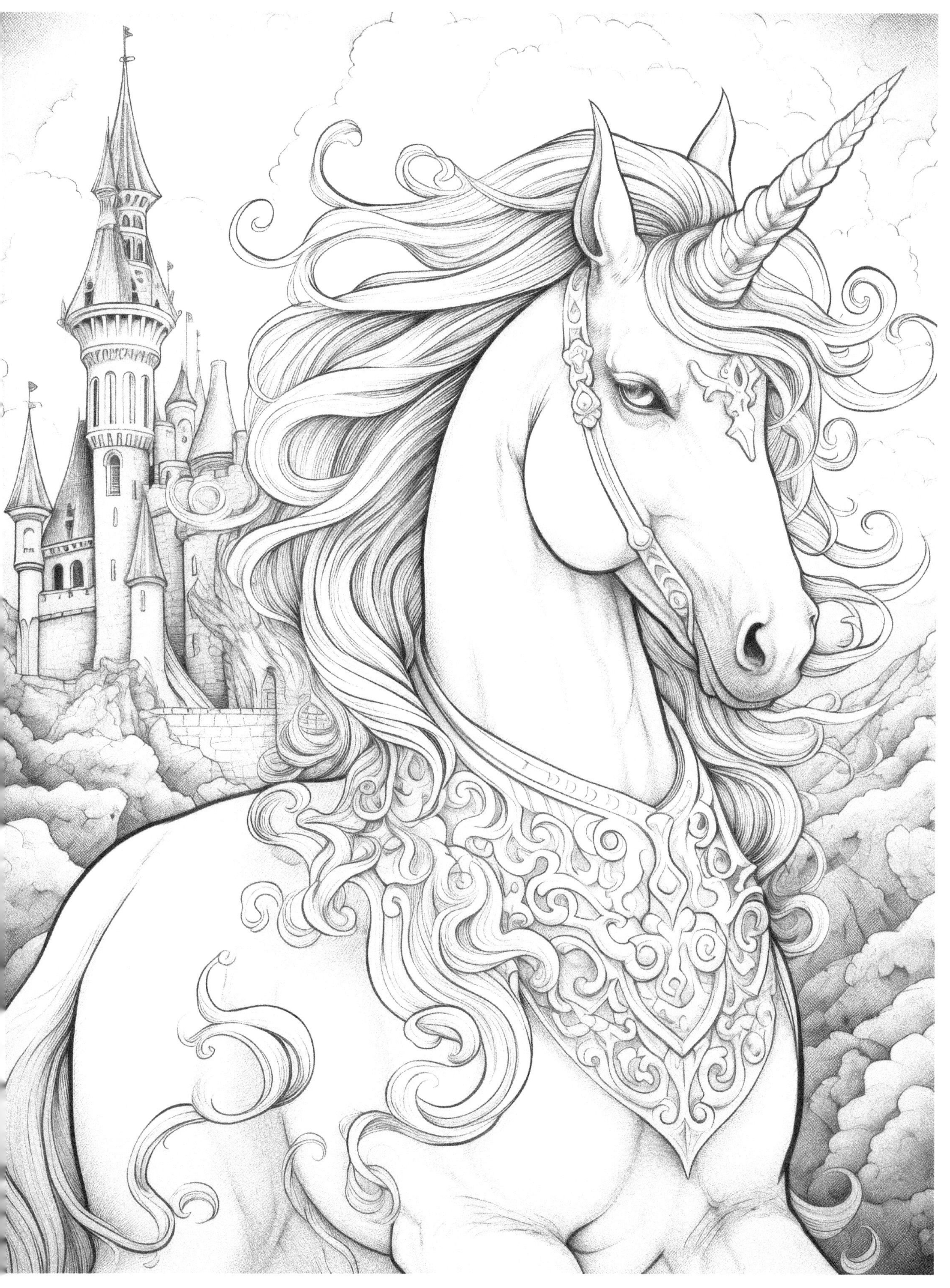

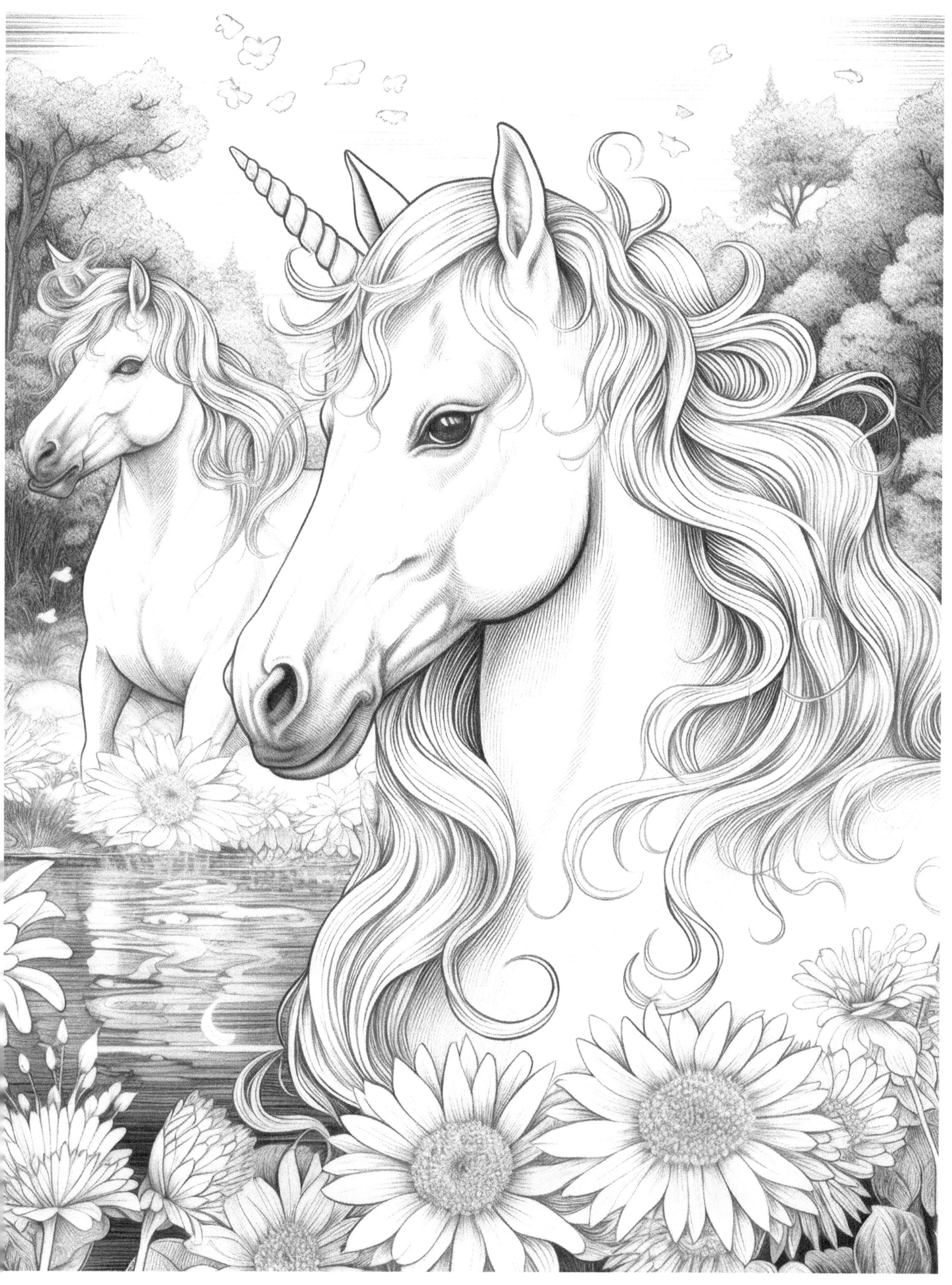

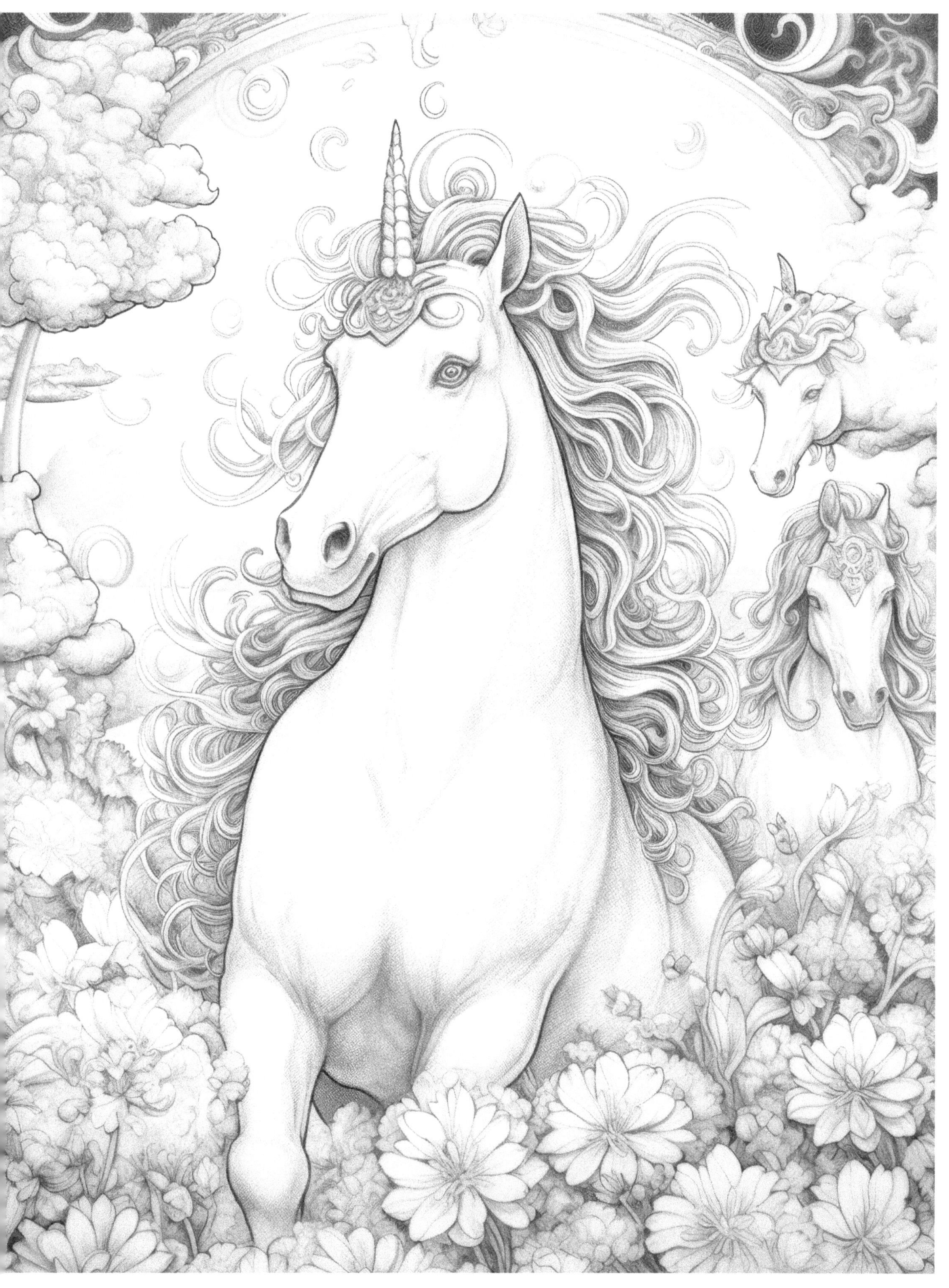

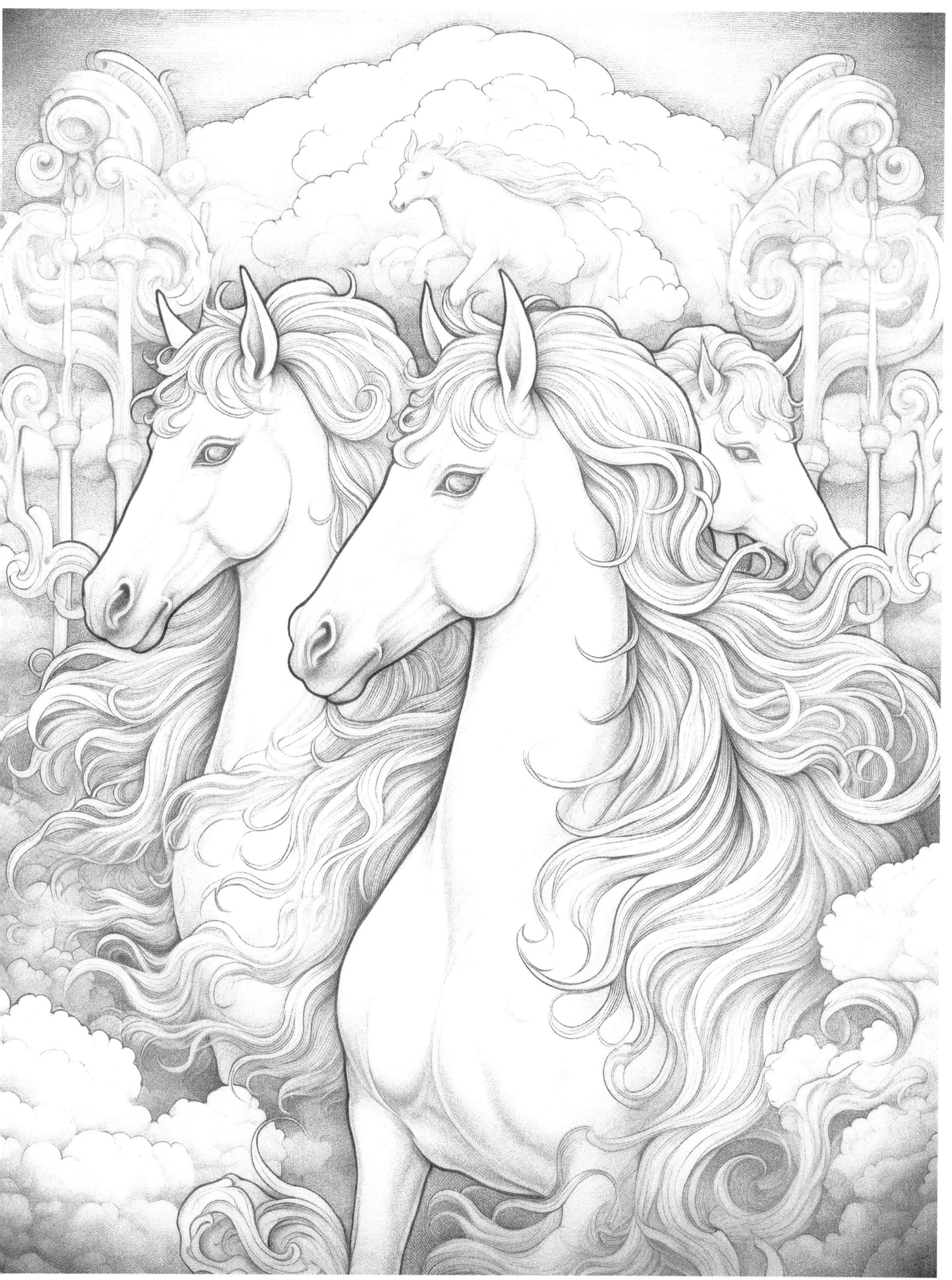

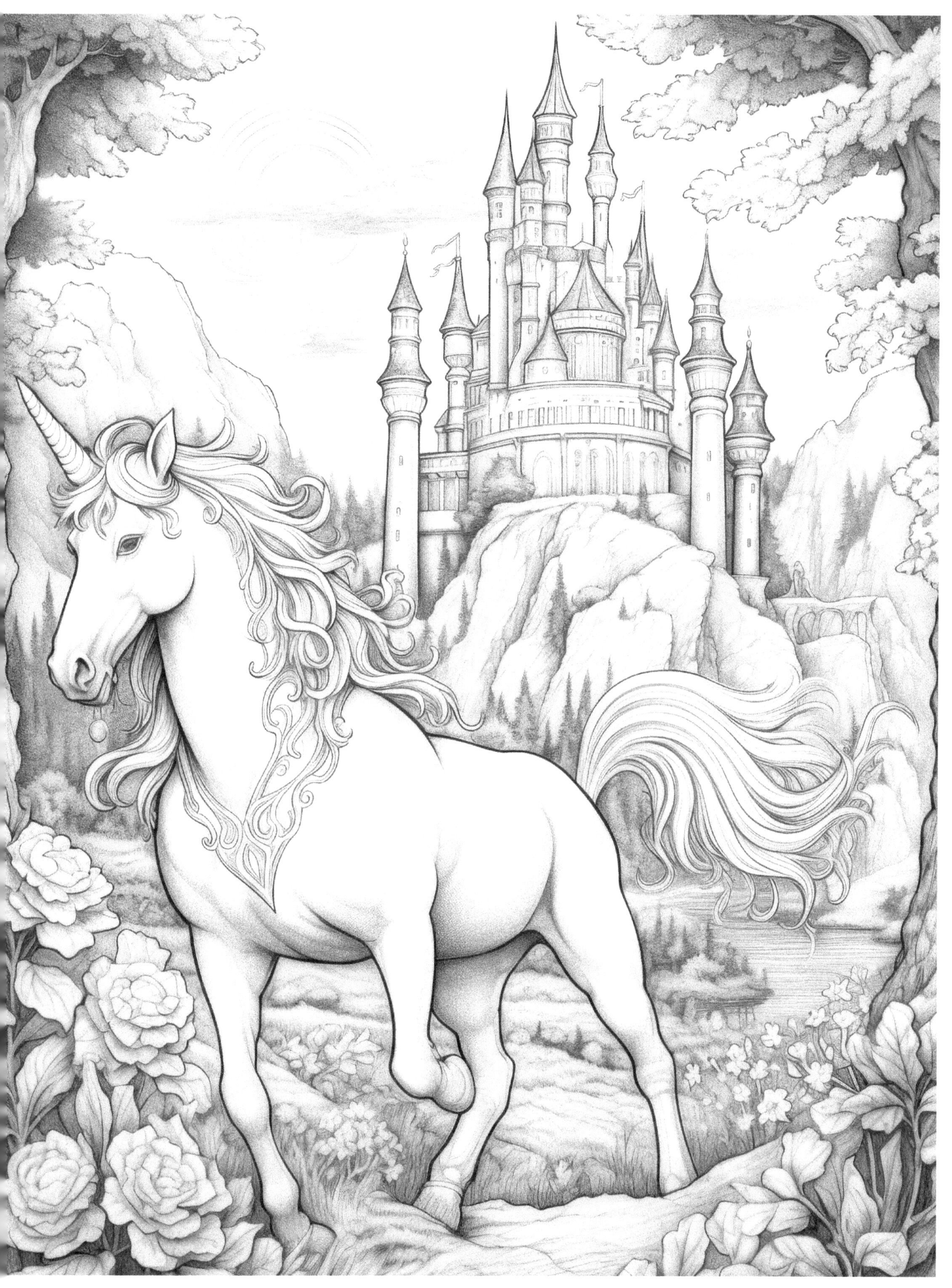

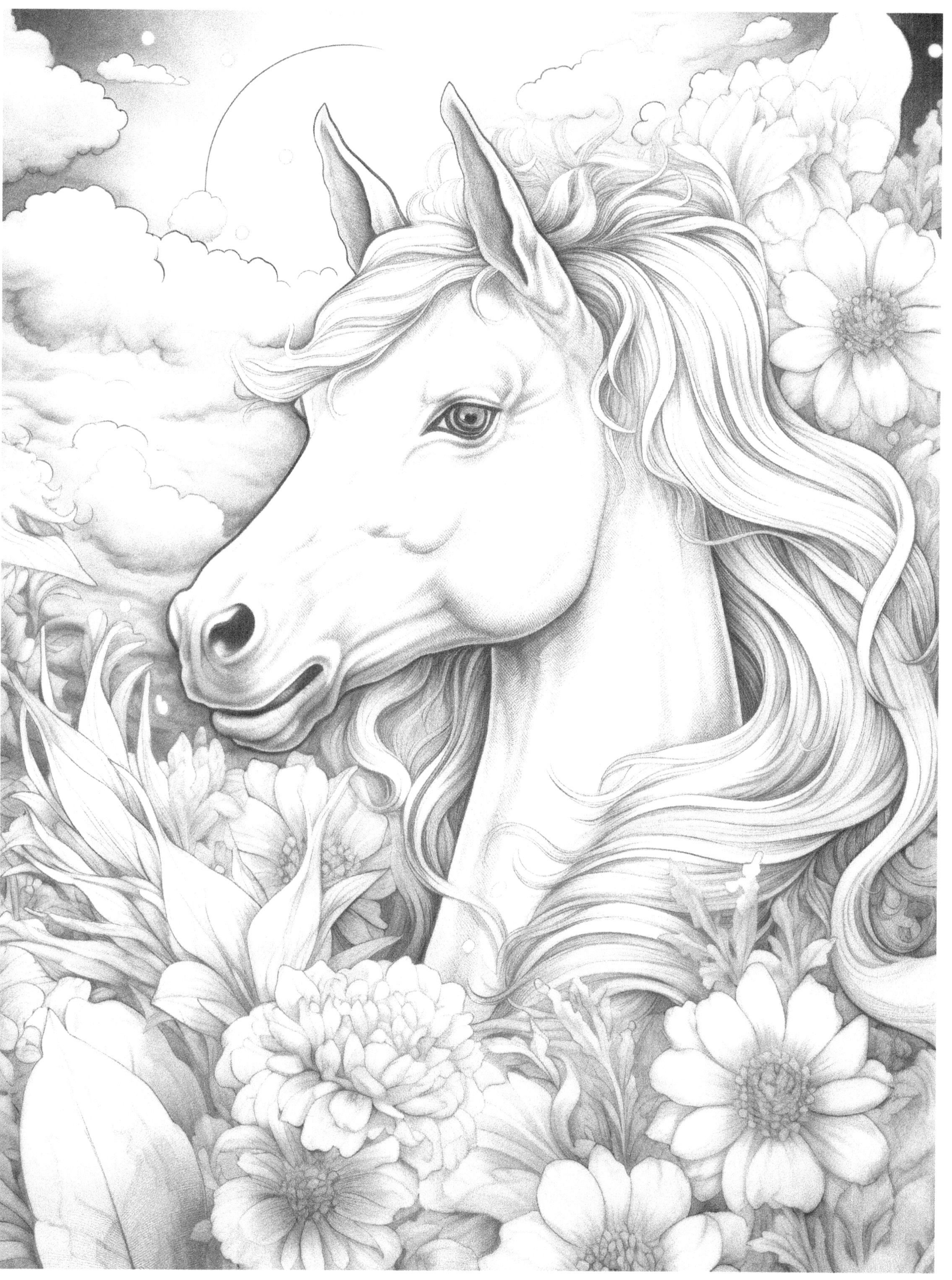

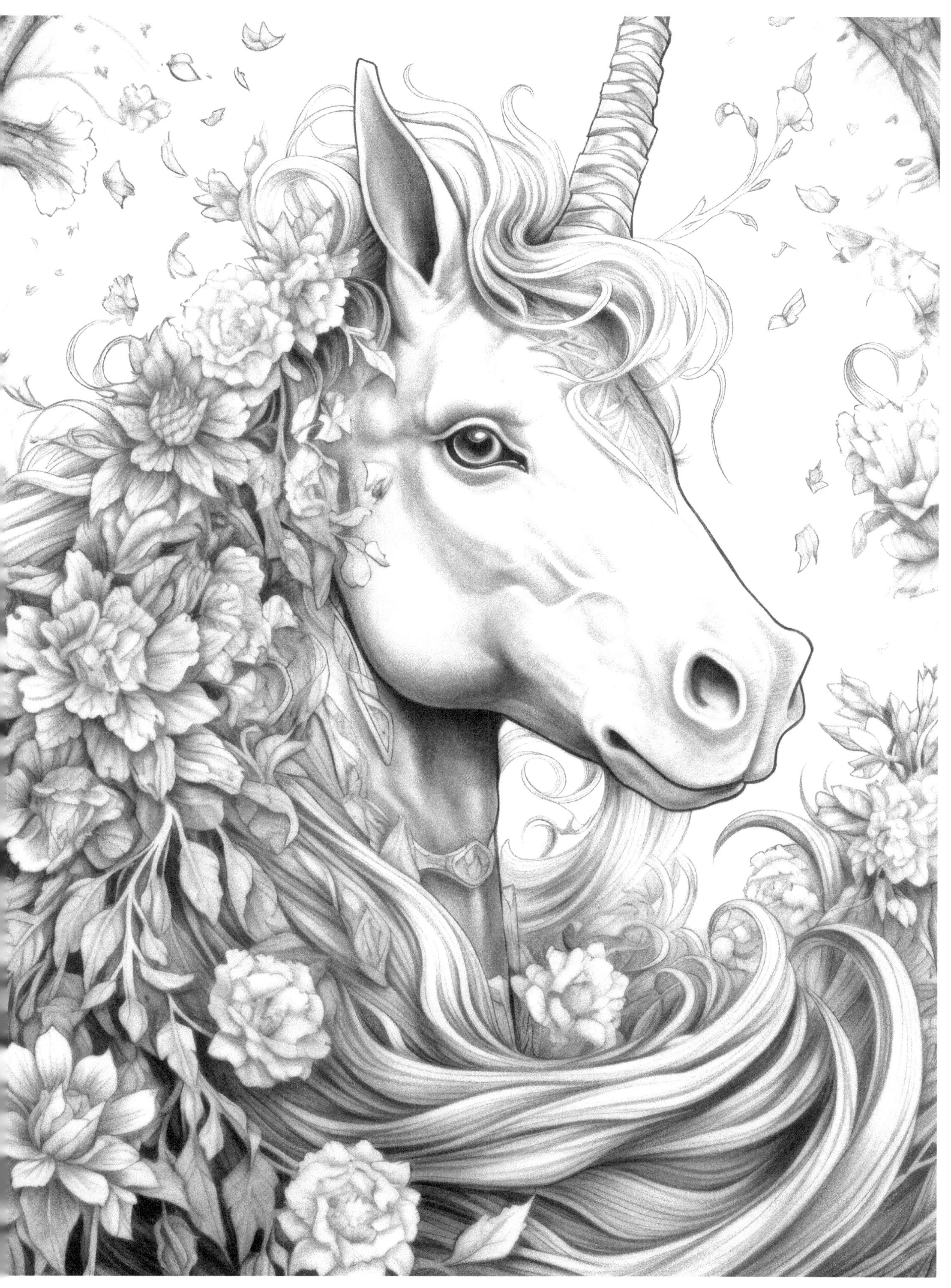

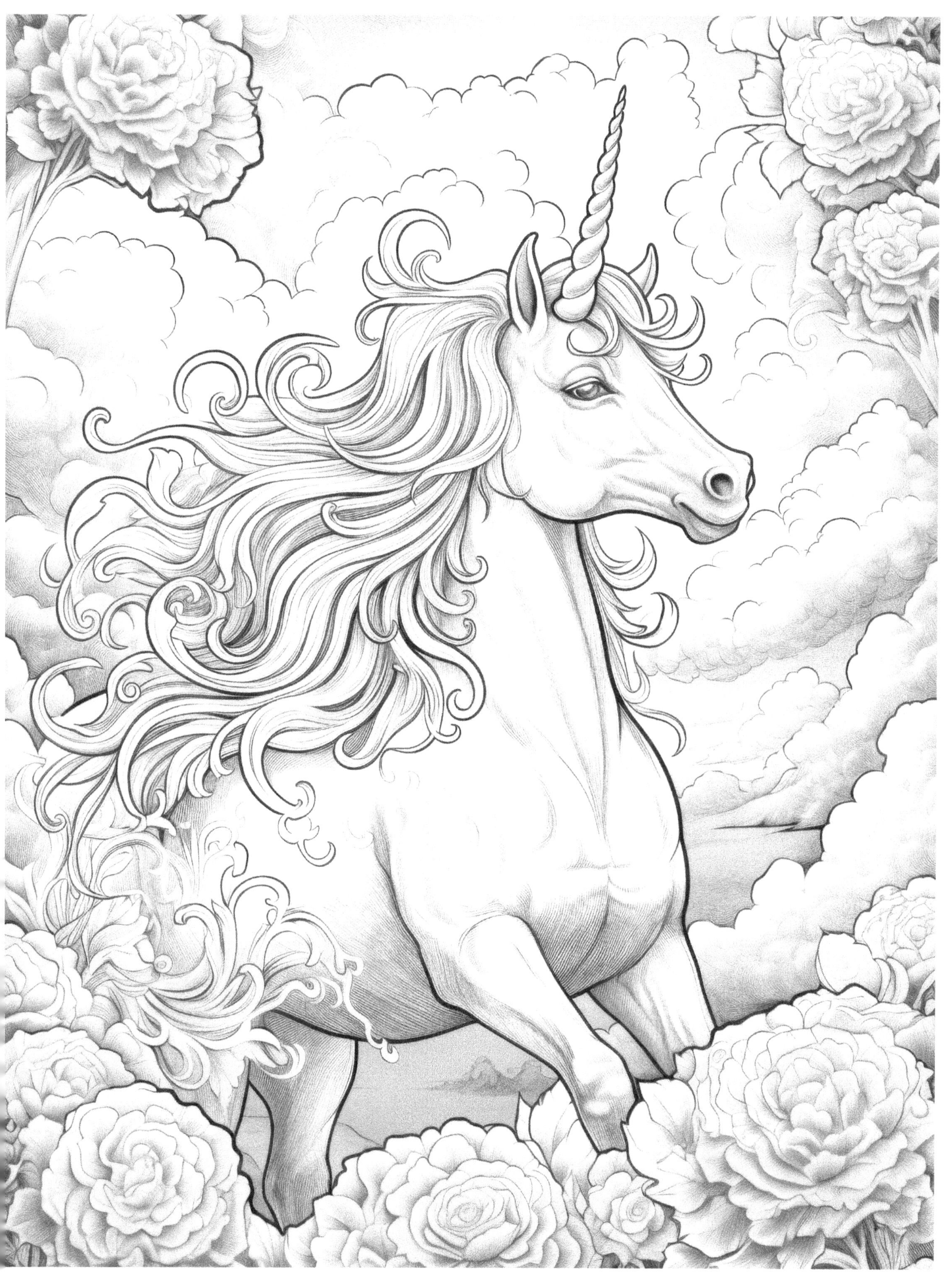

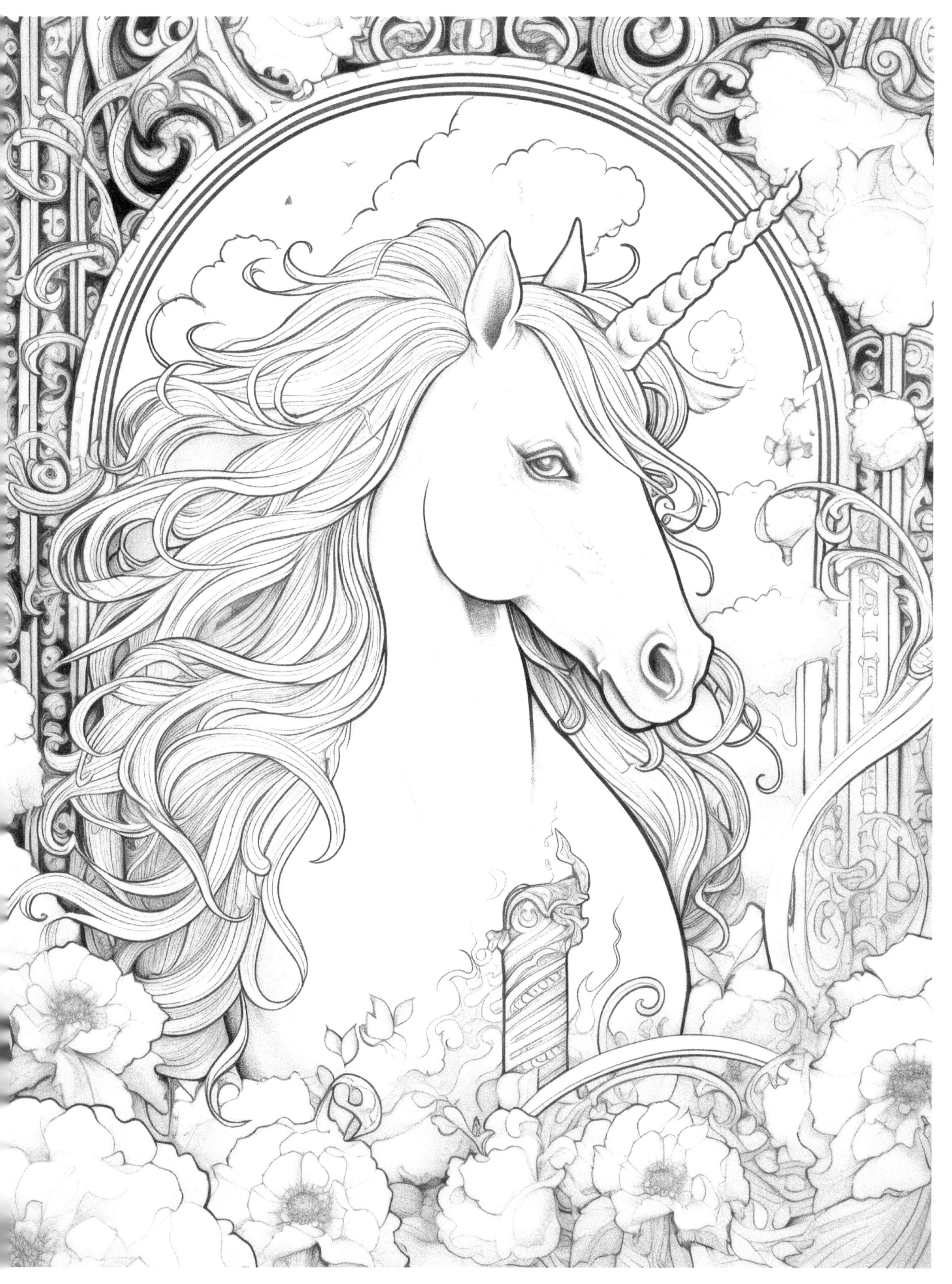

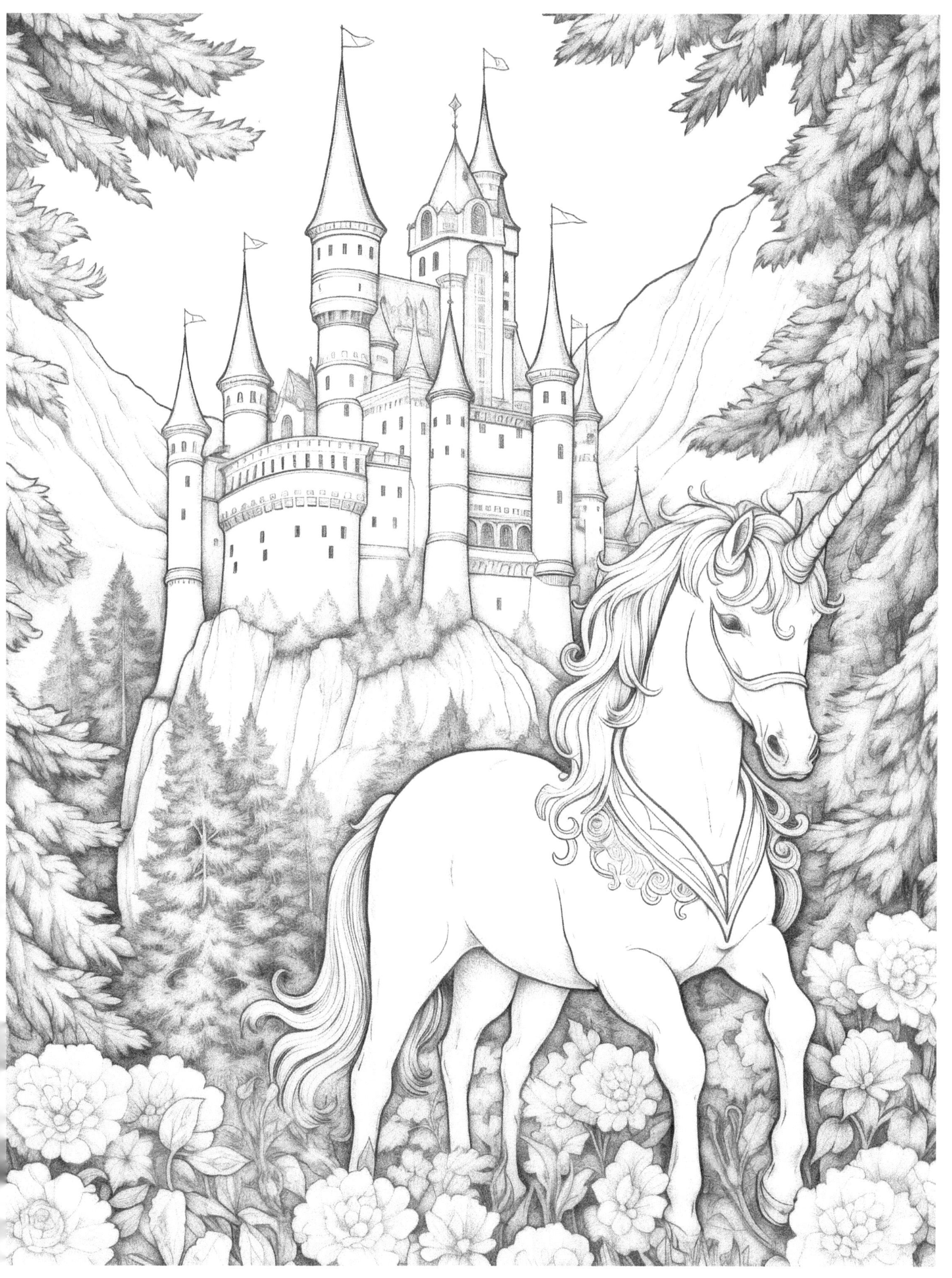

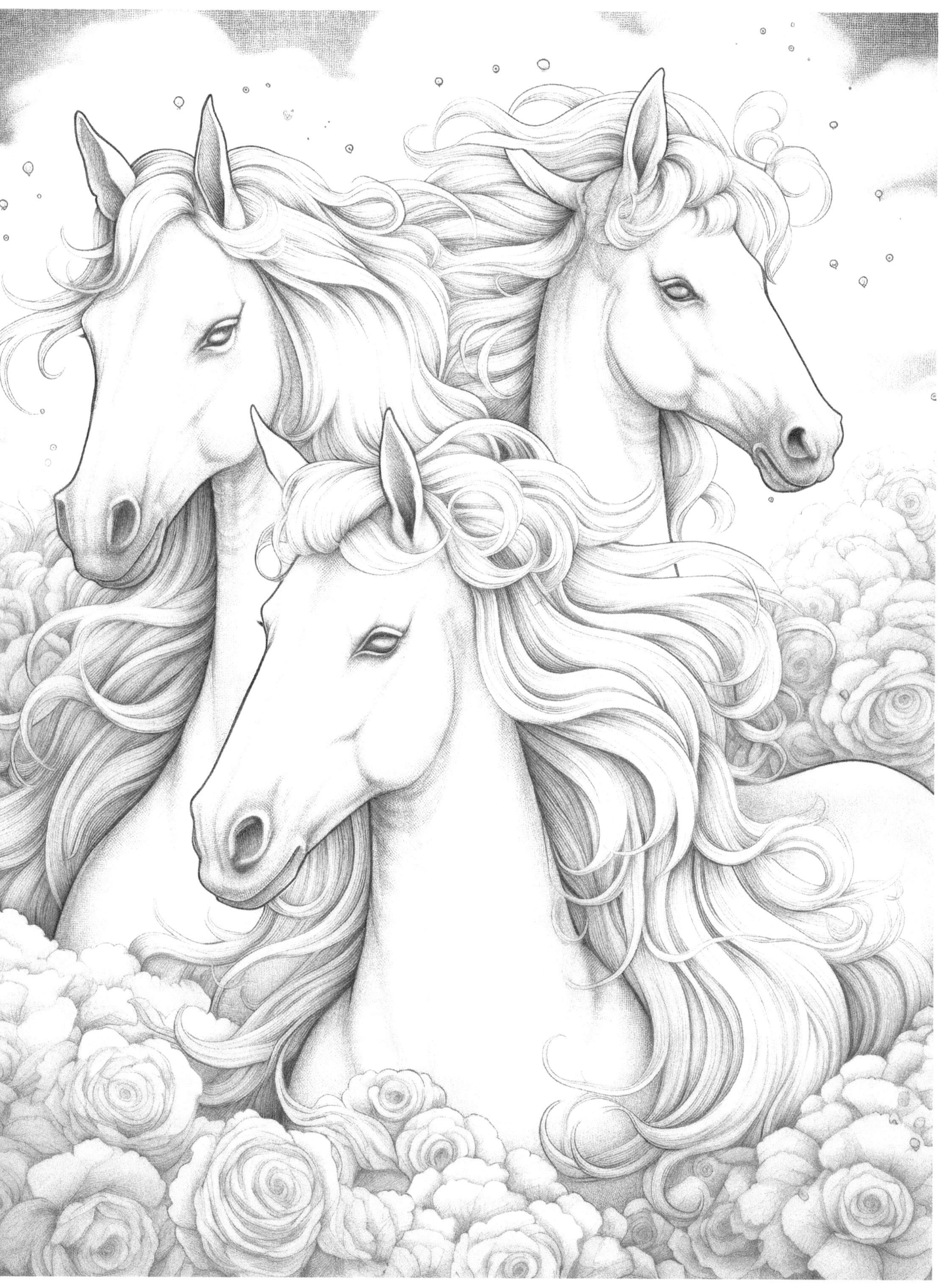

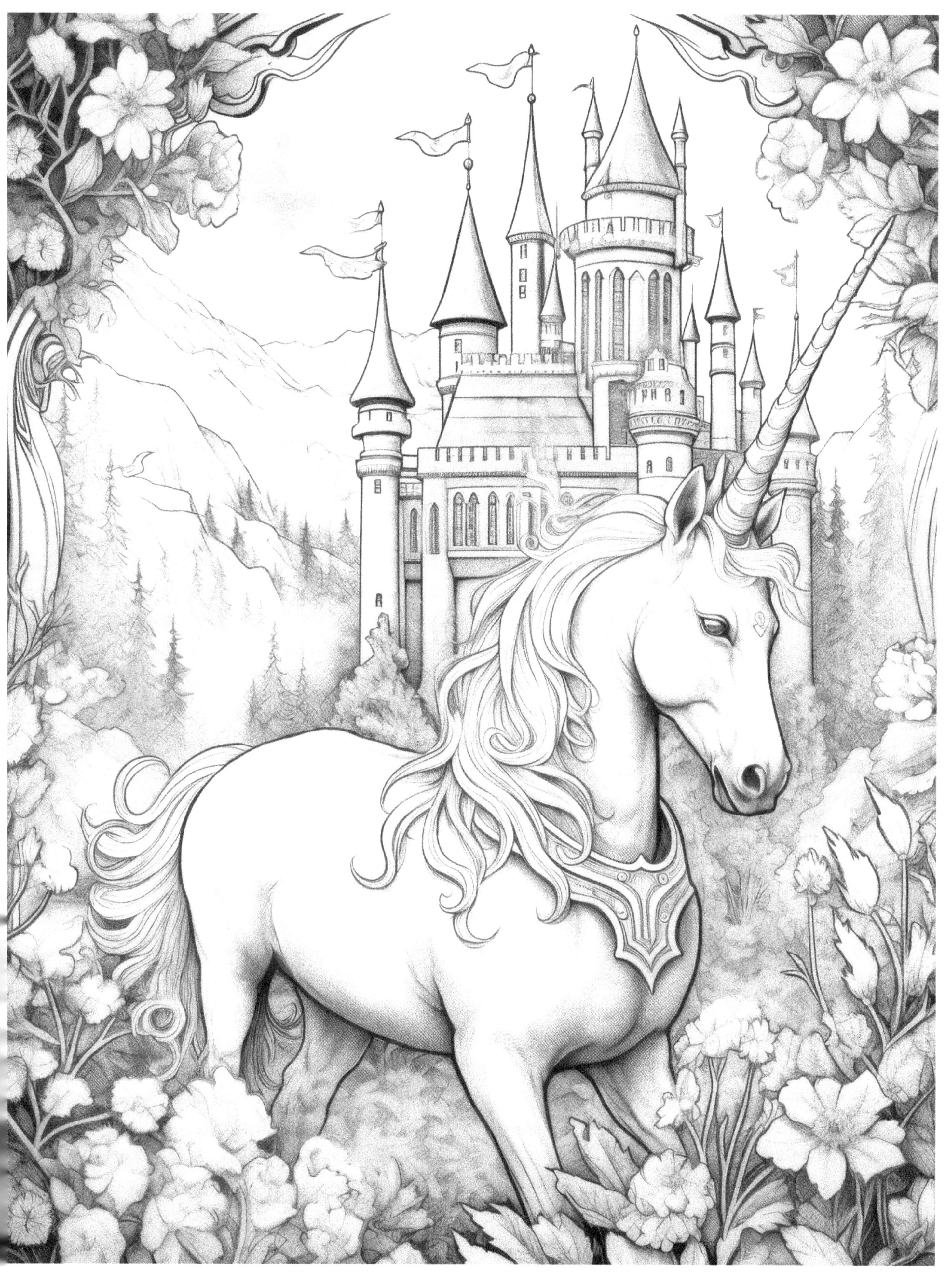

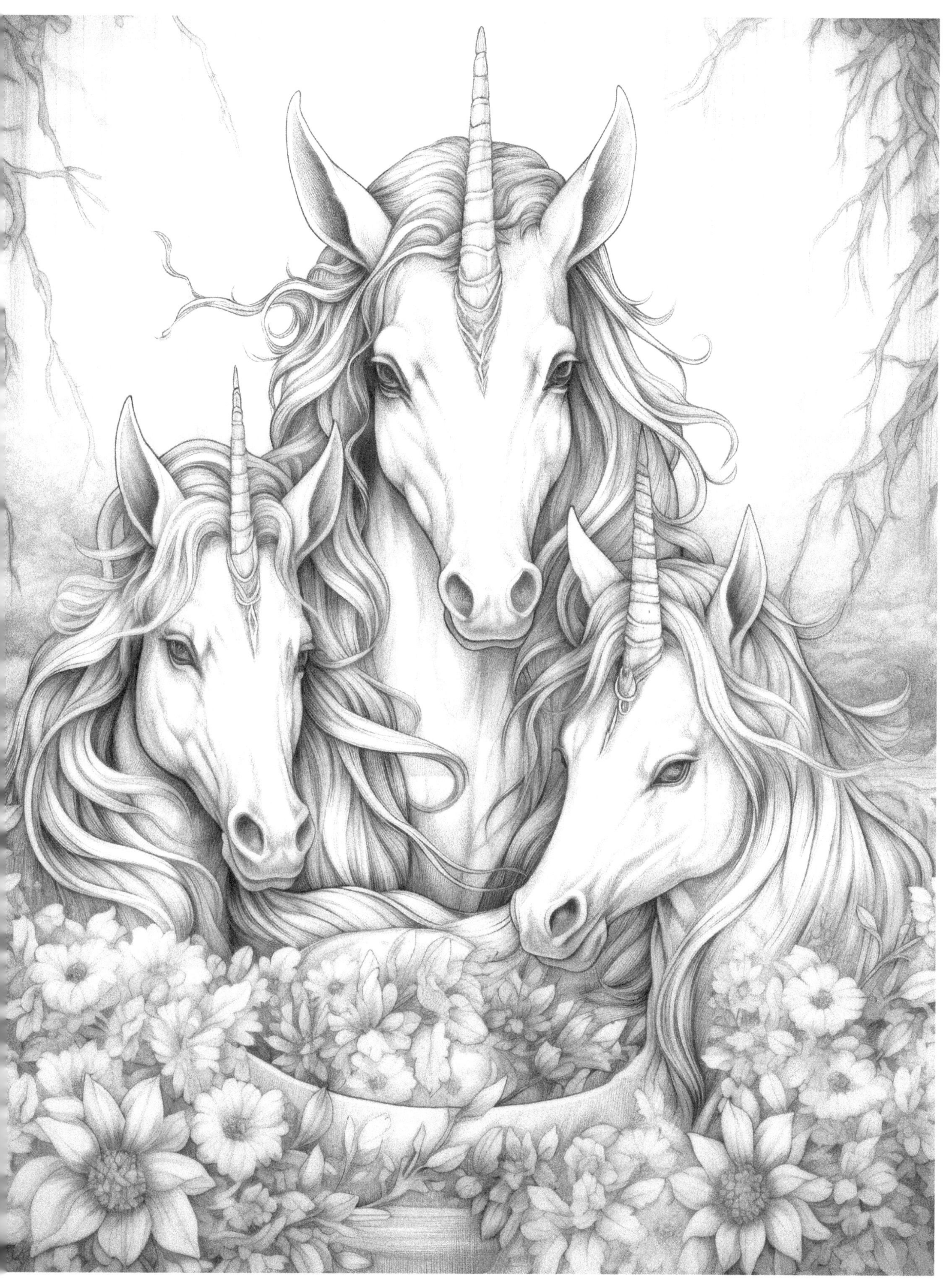

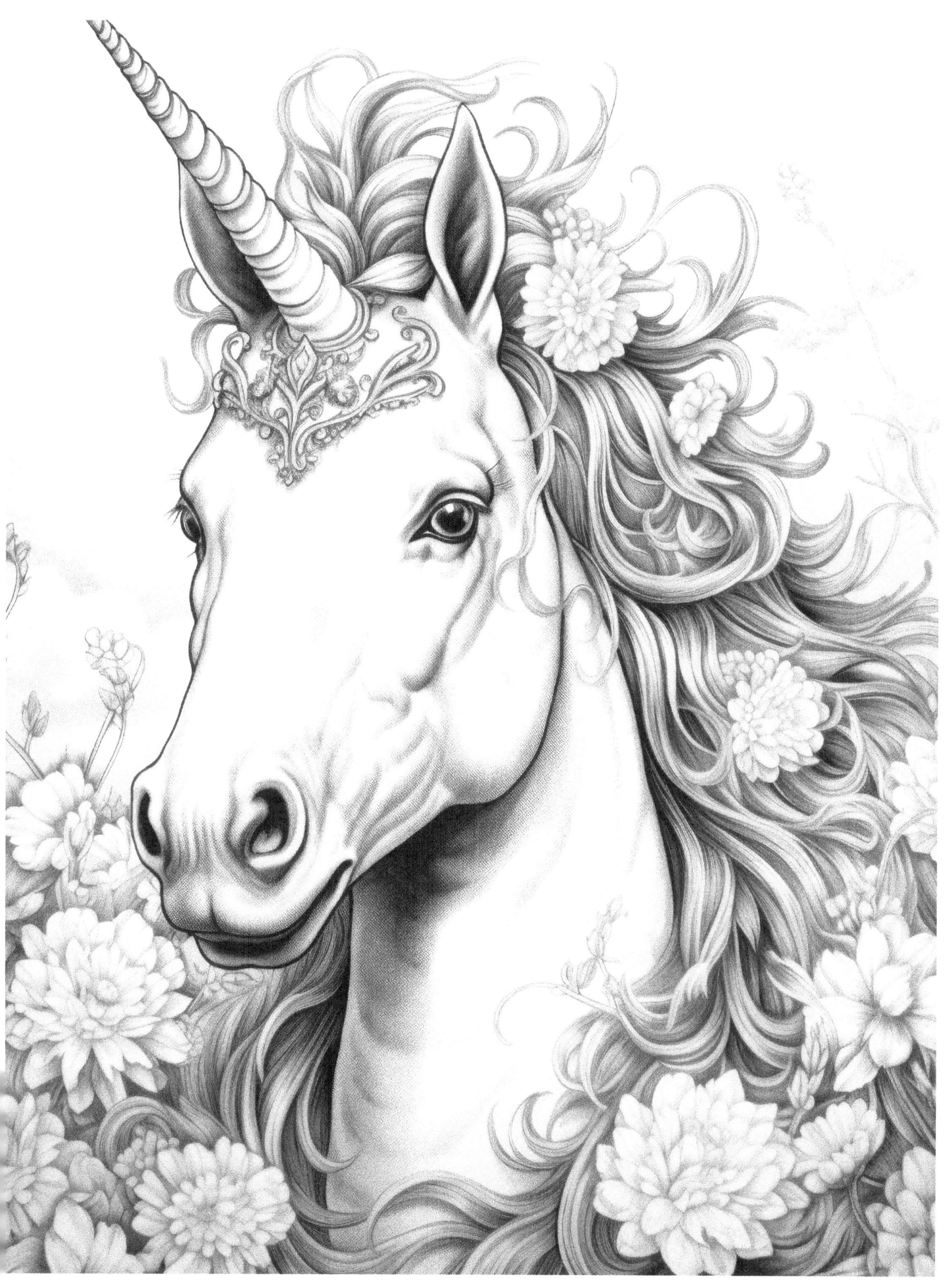

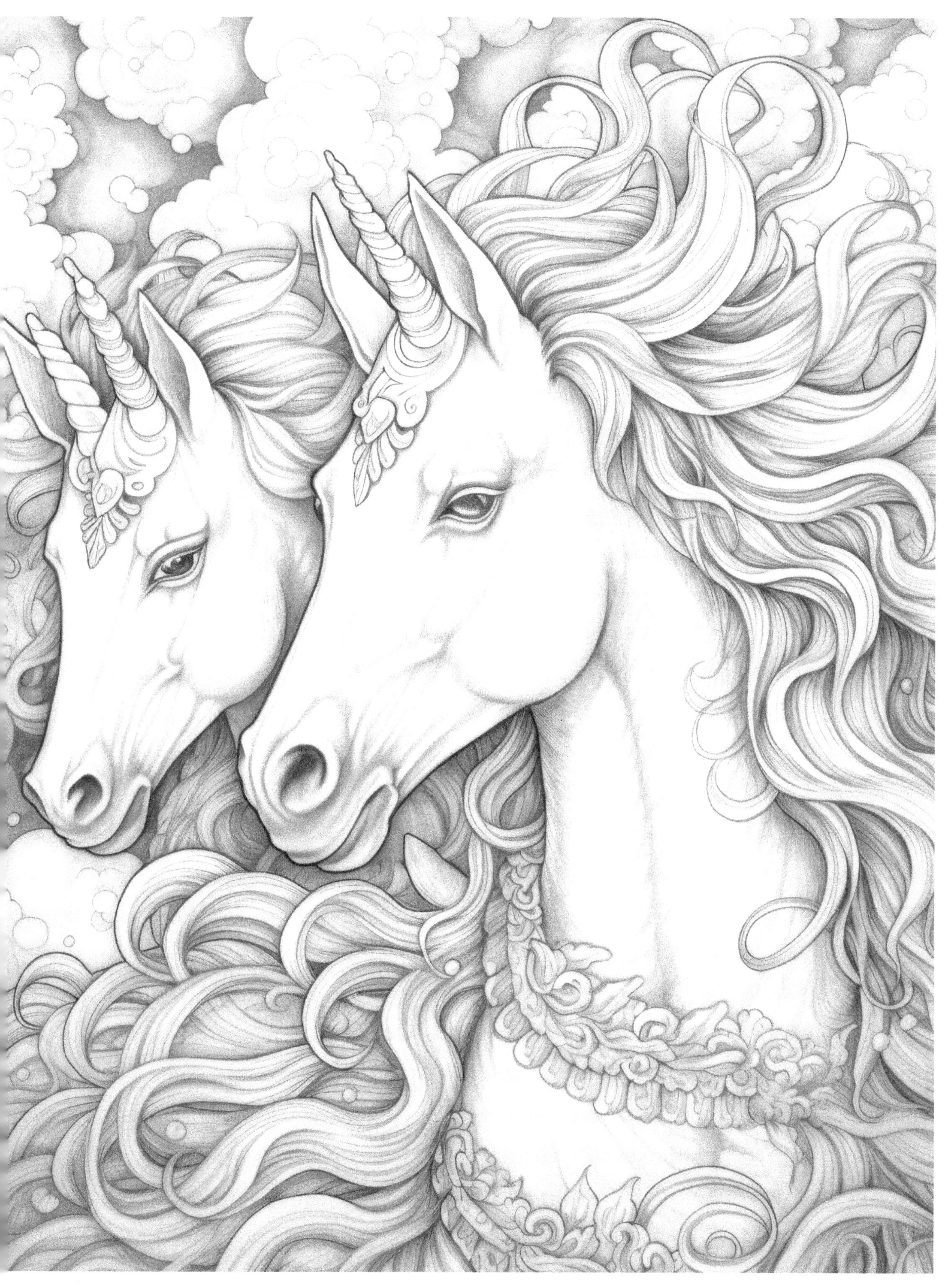

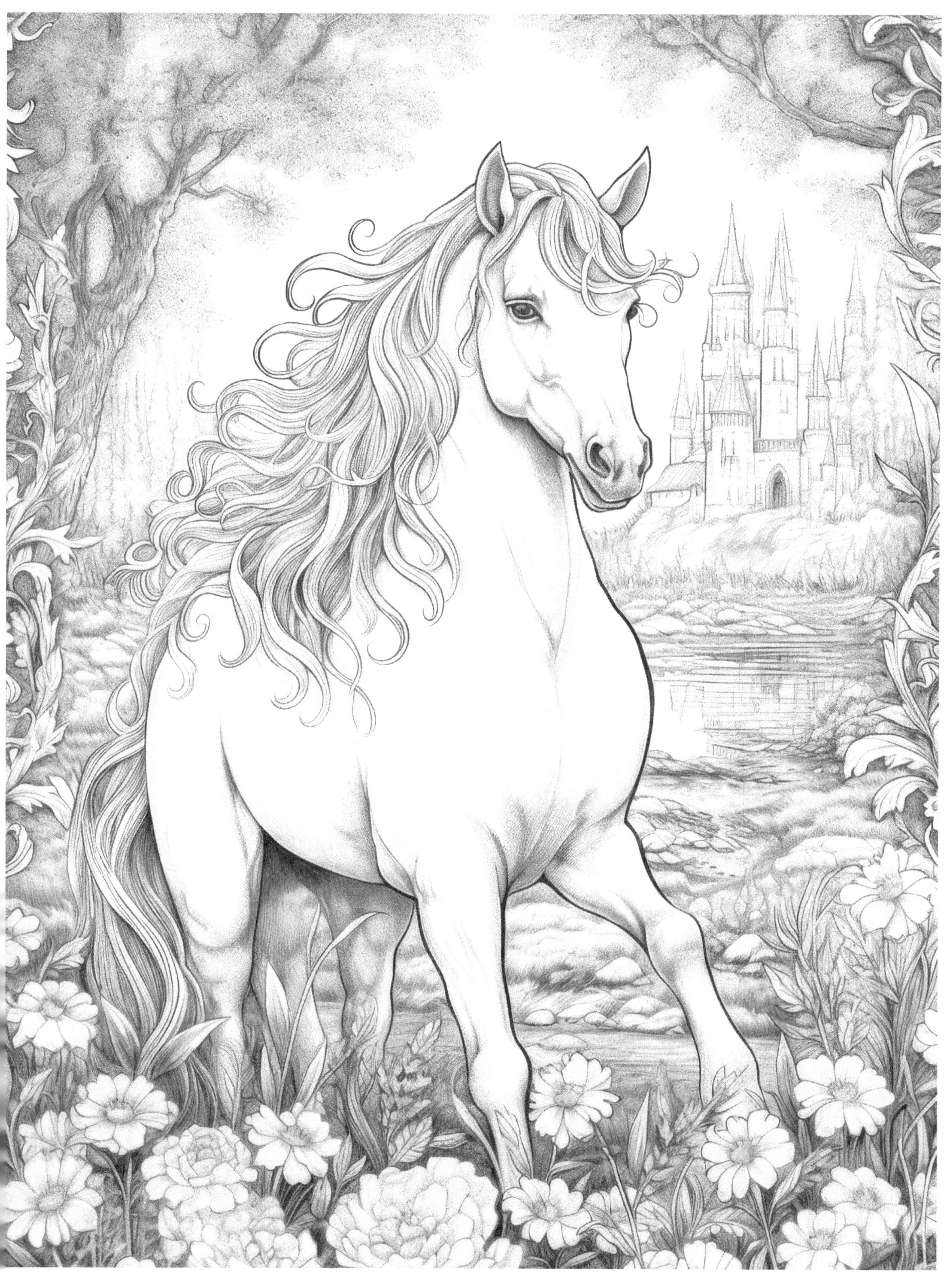

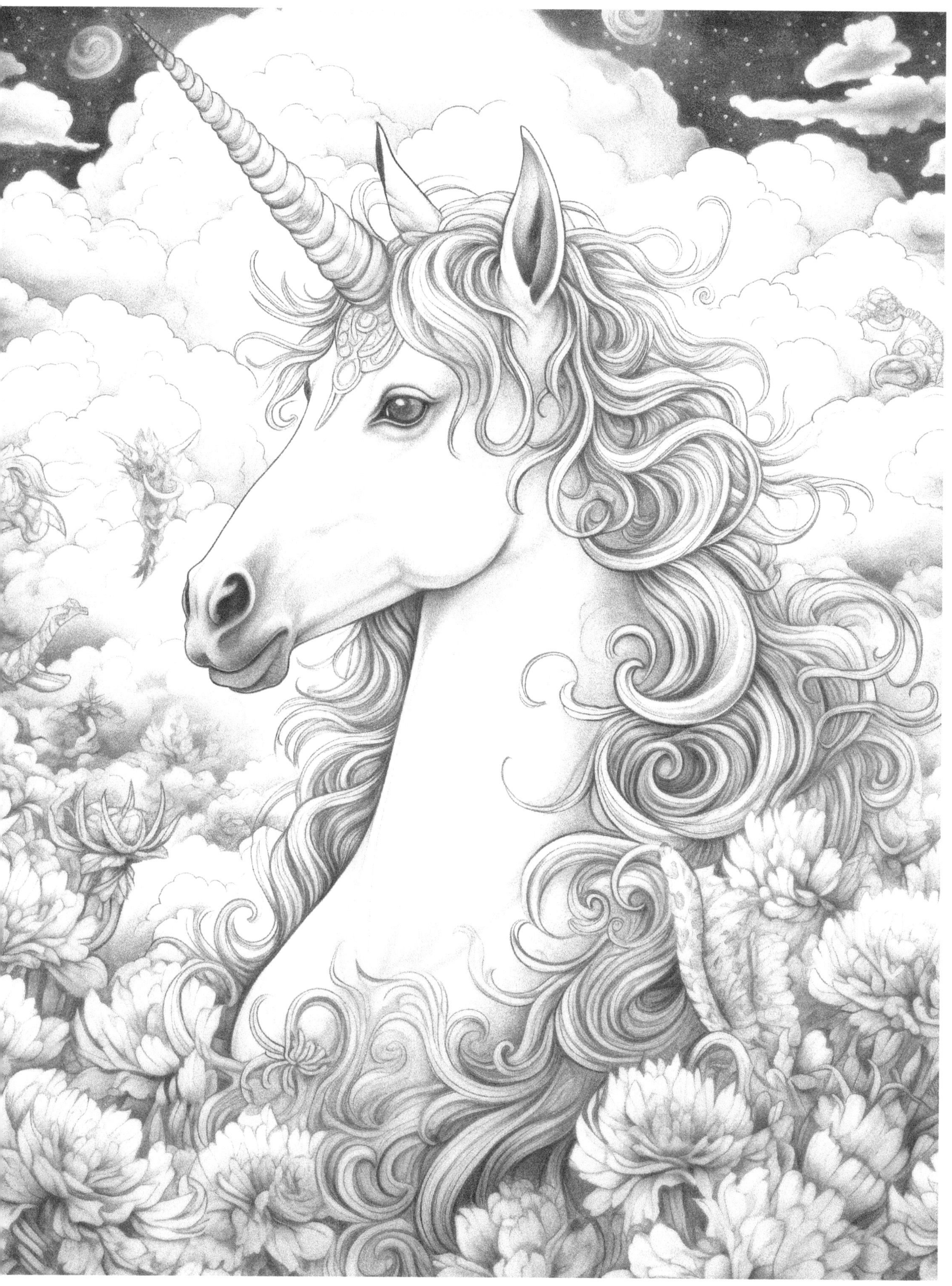

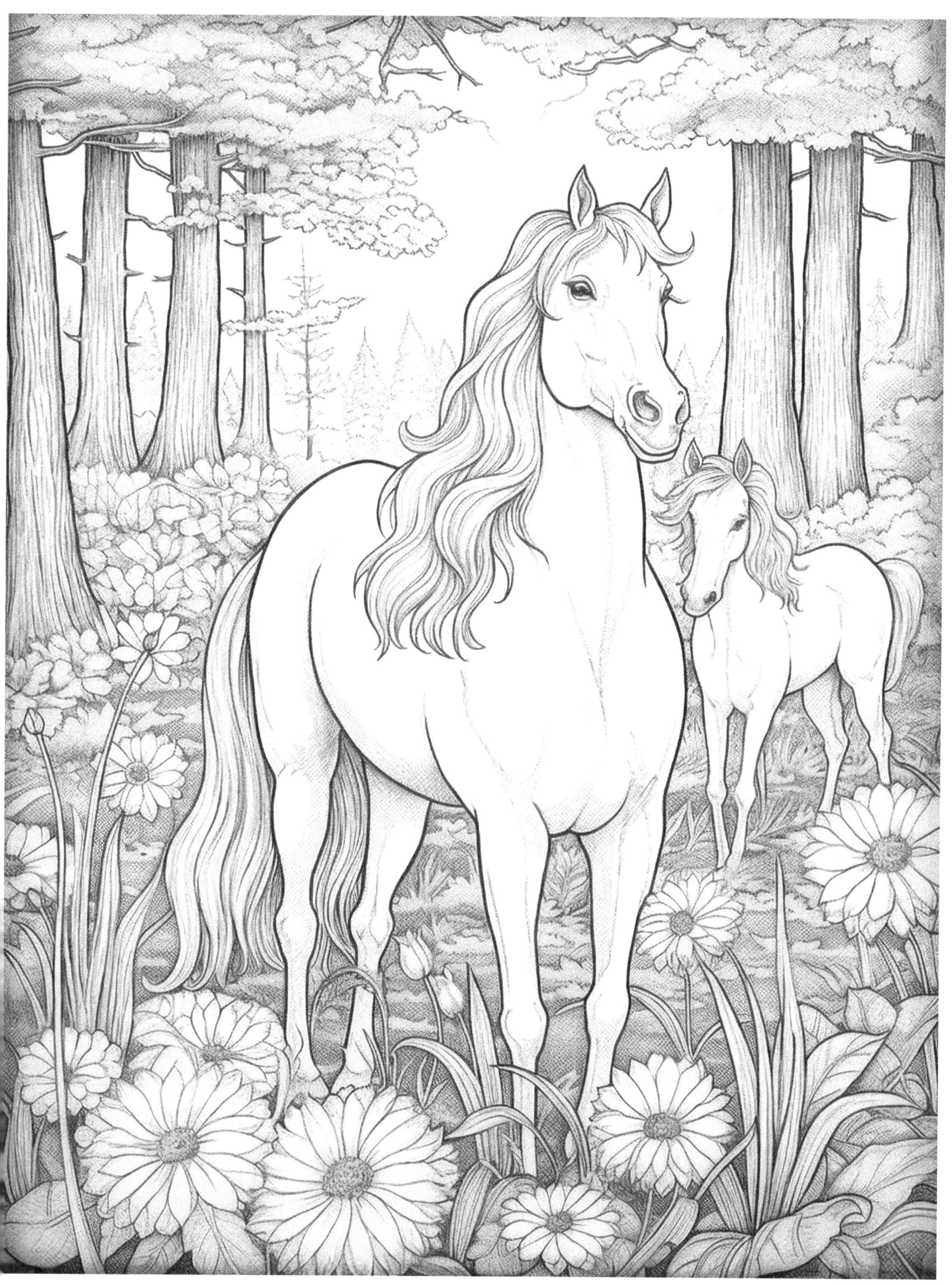

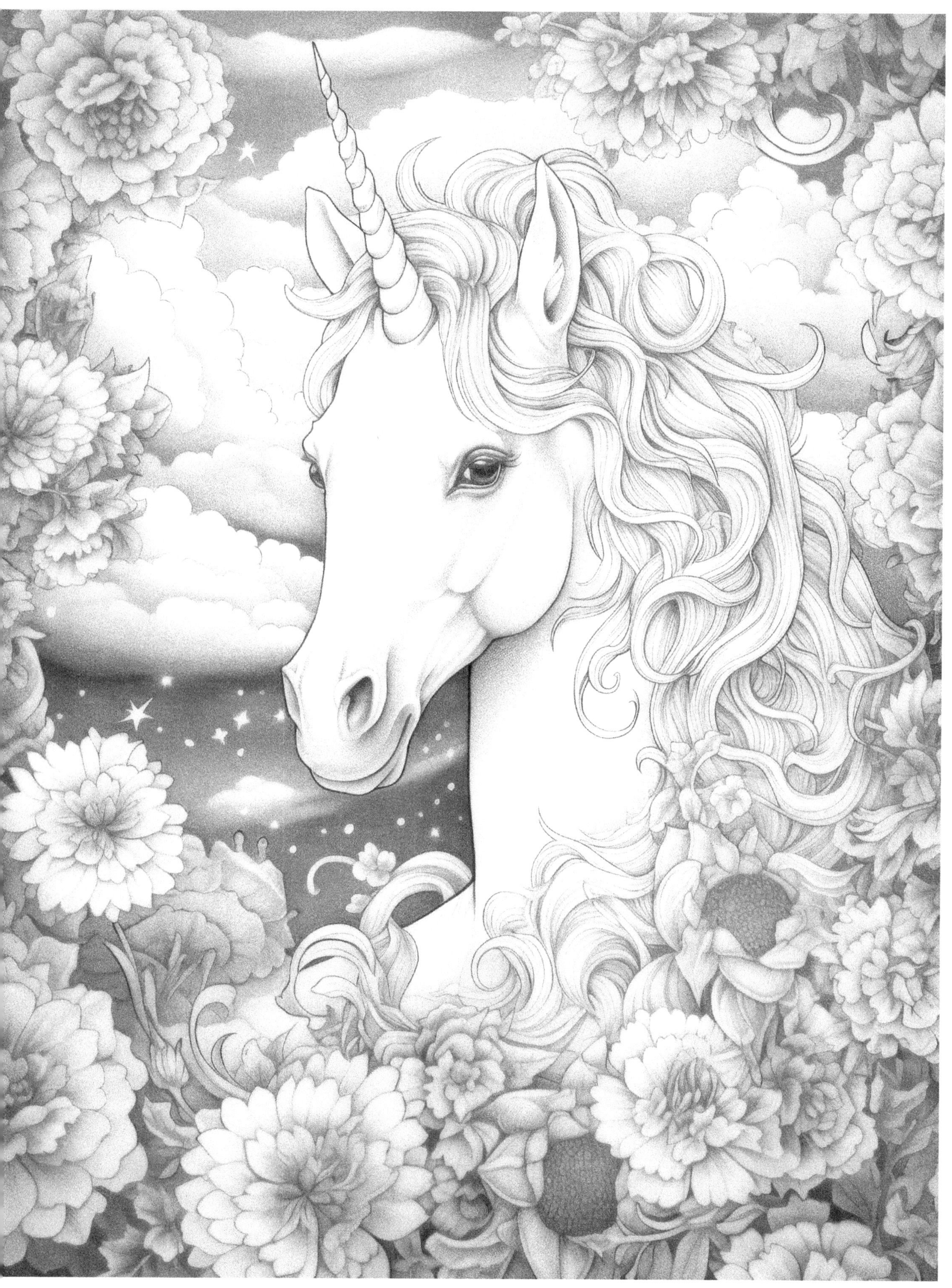

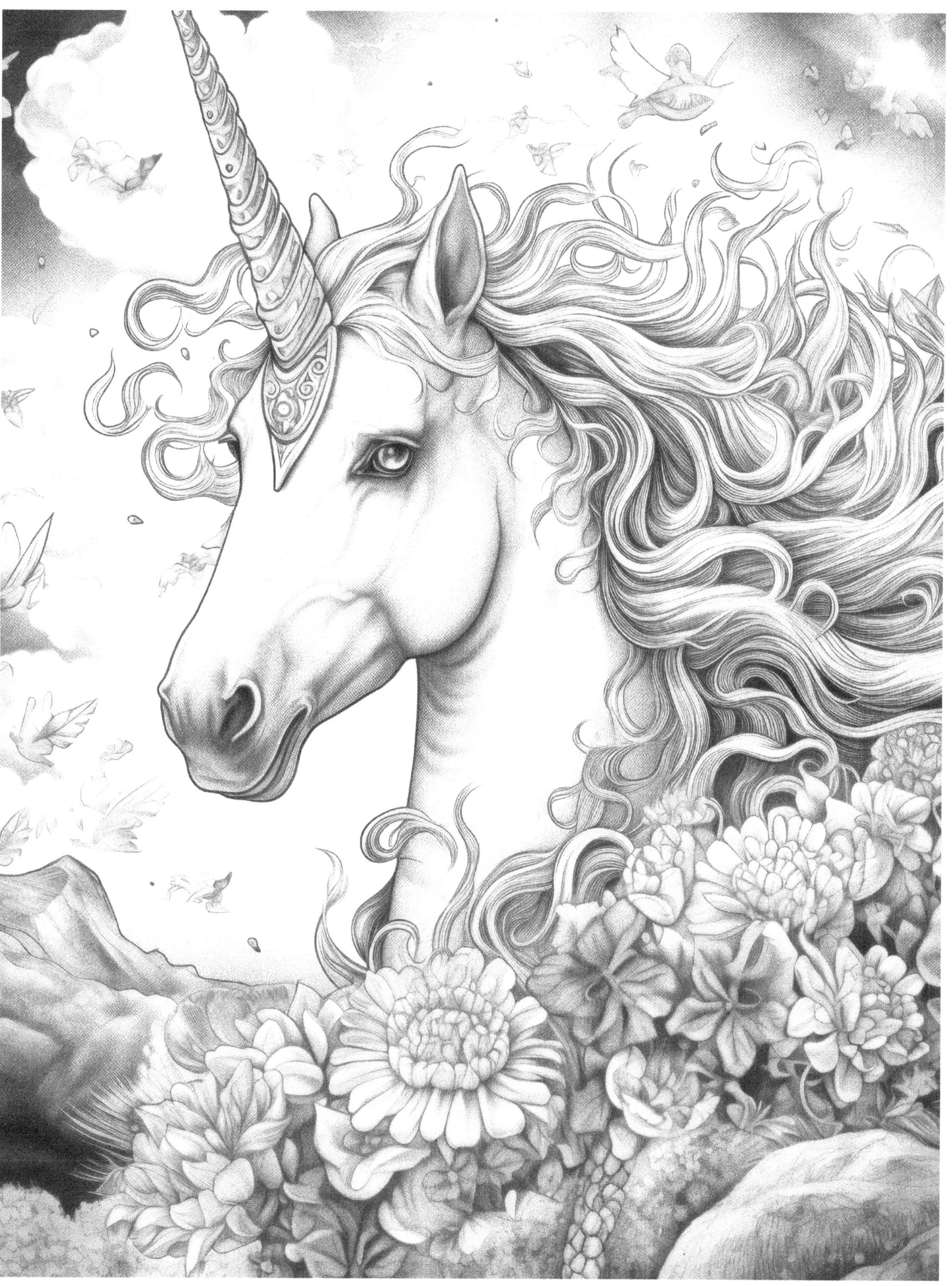

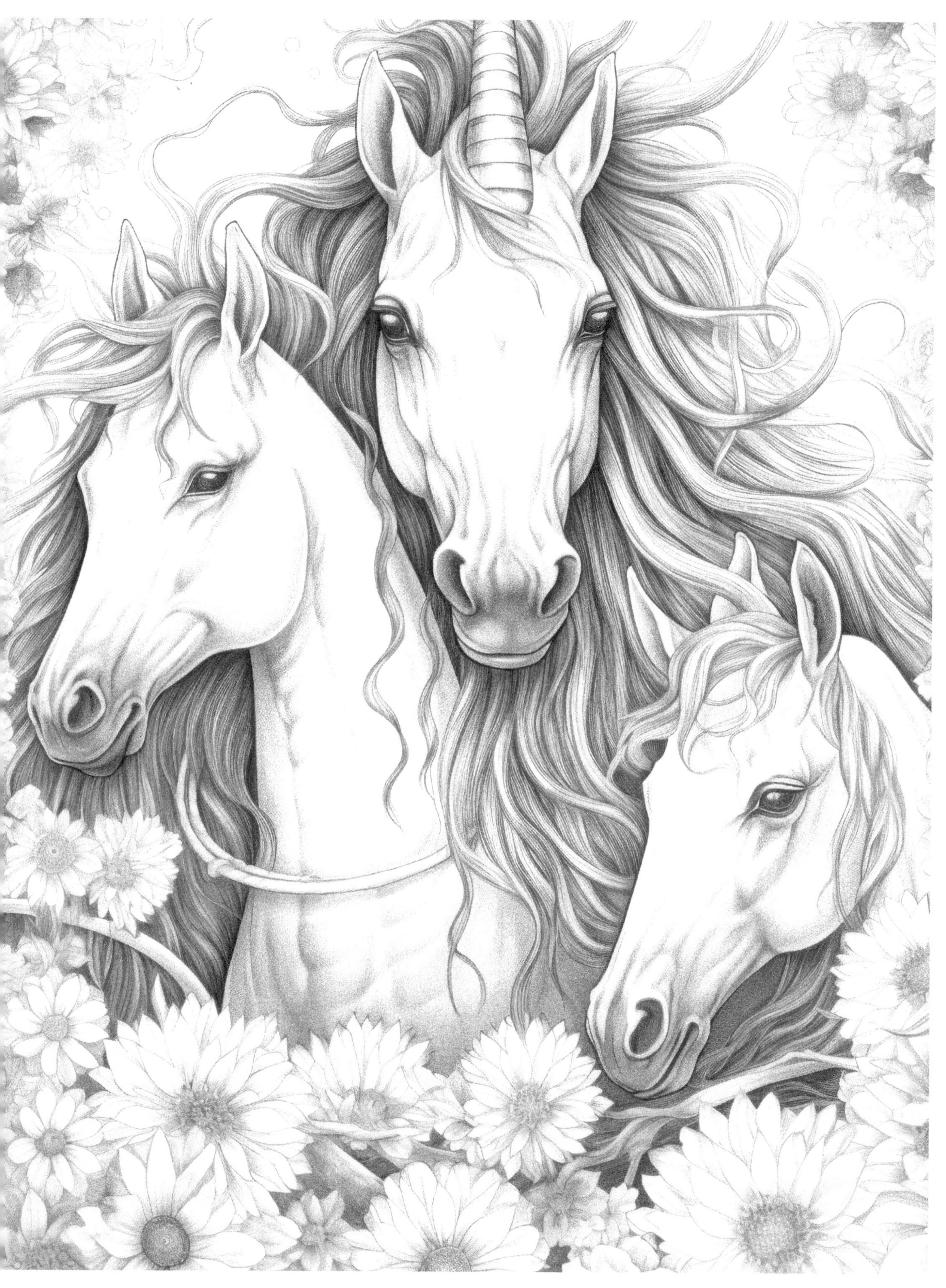

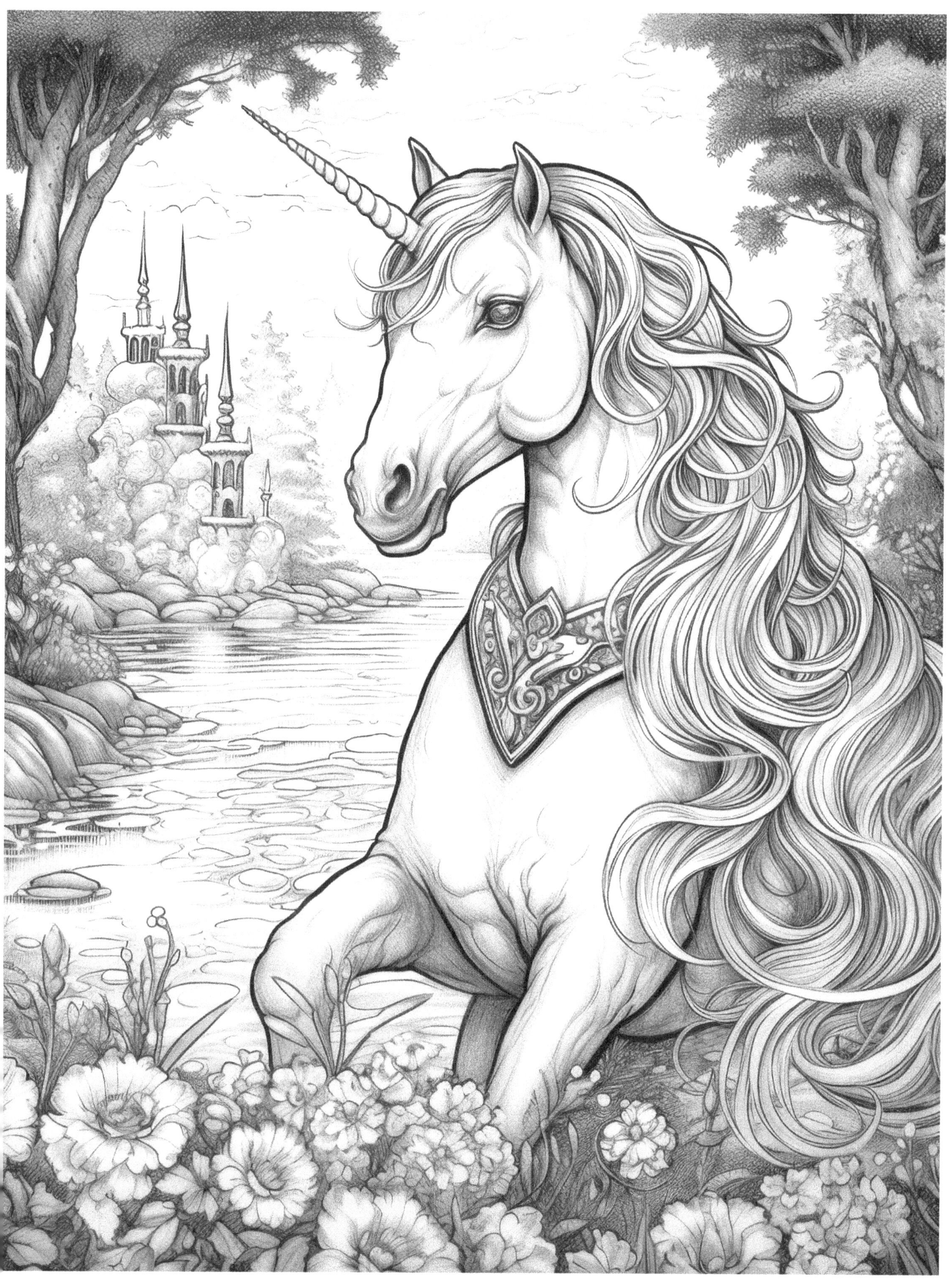